Sybil Gräfin Schönfeldt

Gastlichkeit in üppigen und sparsamen Zeiten

Sybil Gräfin Schönfeldt

Gastlichkeit in üppigen und sparsamen Zeiten

Wanderungen durch Theodor Fontanes Eßlandschaften

Arche

Überarbeitete und veränderte Neuausgabe des 1997
erschienenen Bandes *Bei Fontane zu Tisch.*
Wanderungen durch des Dichters Eßlandschaften
mit Fotos zu den Rezepten von
Wolfgang Franz und Jens Rheinländer.

Abb. auf Seite 3: *Theodor Fontane.*
Ölgemälde von Carl Breitbach. 1883
Abb. auf Seite 7: Theodor Fontane, um 1894

Umschlag: Max Bartholl, Frankfurt a. M.
Umschlagmotiv: Max Liebermann,
Gartenlokal an der Havel, 1933. Privatbesitz
VG Bild-Kunst, Bonn 2005
Satz und Lithos: Repro Studio Kroke, Hamburg
Druck und Bindung: Clausen & Bosse, Leck
Printed in Germany
ISBN 3-7160-2349-3

Inhalt

E. BIEBER
E. BIEBER
K. HOFPHOTOGRAPH.
Eigenthum u. Verlag von E. Bieber.
BERLIN. W.
UND
HAMBURG.

Geißblattlauben, preußische Garde du Corps und Festmähler in gotischen Klosterruinen

Theodor Fontane ist durch Brandenburg gewandert, mit dem Schiff durch die Seen und Kanäle gefahren, hat Kirchen und Klöster besucht, Schlösser und Katen, und wenn er beschreibt, was er bei diesen Wanderfahrten gegessen hat, so malt er Bilder, die alle Sinne ansprechen: Man riecht das Wasser, wenn der frisch gefangene und gekochte Hecht in seiner Schüssel auf weißem Leinentuch ruht. Man sieht, wie der Schatten der blühenden Kirschzweige auf den Tellern tanzt. Man hört, wie die Wellen gegen die Holzwände des Schiffes schwappen, während an Deck das Frühstück serviert wird. Man fühlt, wie zart das gute blaugemusterte Geschirr ist, mit dem die rasch aufgeschlagenen Tische im Garten gedeckt werden, und man denkt: So muß es sein. So mitten im Leben, so einig mit Himmel und Erde, so ruhig gelassen Koch und Gäste, so grün die Wiesen, so stolz das Hirschgeweih über des Försters Haustür, und natürlich duftendes Geißblatt um die Laube herum, in der wir sicher gleich den Kaffee trinken werden.

So war es. Ja, es gab auch Regentage, die den Wanderer plagten, schlechte Betten in armseligen Gasthäusern und Stunden des Zweifels und der Verzweiflung. Aber das Geißblatt duftete wahrhaftig, und die Landschaft besaß eine Ruhe und Stille, die ebenso erquickte wie die Mahlzeiten aus dem, was sie bot. Und was hatte die Mark Brandenburg zu bieten, die Fontane so gut wie kaum ein anderer gekannt hat? Was tischte man in Berlin auf?

Fontane beschreibt in seinen Romanen die Menschen aller Schichten und Stände in den Jahren, in denen sich Preußen immer mehr aus den alten politischen Bindungen löste, Niederlagen und Revolutionen überwand und schließlich die Monarchie wurde, die den deutschen Kaiser stellte. Das war der Aufstieg eines kleinen und nicht sehr reichen Landes. Das waren die Jahre des Fortschritts, der damals noch berechtigten Hoffnung, Wissenschaft und Technik führten zum Guten, Wissen sei Macht, die Zukunft der Kinder besser als das eigene Schicksal. Jahre, in denen Berlin schneller wuchs, als es manche seiner Bewohner begriffen oder verkrafteten.

Theodor Fontane ist 1819 geboren und 1898 gestorben. Wer auf seine Zeit zurückblickt, auf das 19. Jahrhundert mit den Brandenburger Geißblattlauben und der preußischen Garde du Corps, seinen Festmählern in gotischen Klosterruinen, seinen Berliner Kellern, den alten Jungfern und den Undinen und Töchtern der Luft, den Kutschfahrten ins Grüne, Schlittenfahrten in der Stadt und Hochzeiten auf dem Lande, der sieht unsere Vergangenheit. Die Wurzeln der Behaglichkeit und des Hochmuts, die Urform der wieder konservativen Gesellschaft mit ihren offiziellen Diners und der Tafelpracht in Weiß und Silber. Die Unsicherheit derer, die nicht wissen, an welchen Tisch sie gehören und wie man sich da benimmt, und das irdische Glück der anderen, die nicht so tun müssen als ob. Fontane, der Hugenotten-Enkel, hat das preußische Jahrhundert, die kurze wilhelminische Kaiserzeit festgehalten, die nach seinem Tode nur noch knappe zwanzig Jahre dauerte und dennoch so prägend war, daß sie bis heute wirkt.

Auf dem Lande und in der Kleinstadt

Adolph Menzel, *Trockenplatz*. 1863

Wie aus der Streusandbüchse ein Paradies wurde

Brandenburg, zwischen Elbe und Oder gelegen, Berlin etwa in der Mitte, wird von zwei Höhenzügen und den Niederungen dieser beiden Ströme gekennzeichnet. Wasser spielt in Brandenburg eine große Rolle. Da sind die vielen Nebenflüsse der beiden großen Flüsse, die wie die Havel, nachdem sie die Spree aufgenommen hat, eine große Anzahl von Seen bilden. Da ist die Spree selbst mit ihren vielen kleinen Quellen und Flußläufen, die im Spreewald ein ganzes Netz von Wasserstraßen hat entstehen lassen. Da sind die über sechshundert kleinen und größeren Seen mit ihrem Fischreichtum, seit der Zeit der slawischen Wenden eine der wichtigsten Versorgungsquellen der Gegend. Und da sind die zahlreichen Kanäle, die diese Seen und Flüsse verbinden. Zu Fontanes Zeit gab es in Brandenburg über 1500 km Wasserstraßen, darunter etwa 300 km Kanäle, auf denen die Produkte des Landes gemächlich auf Kähnen und anderen Schiffen durch die ebene Landschaft glitten.

Die ostwestlichen Höhenzüge sind nur etwas über 200 m hoch, und sie wurden zu Fontanes Zeit als kahl, dürr und unfruchtbar bezeichnet, die Senken als sumpfig und moorig, während die breite Landplatte, die von Osten hereinragt, sehr sandig ist und »auf weiten, mit Kiefern und Heidekraut bestandenen Strecken, ein dürres Aussehen hat«. Das stand noch 1889 in einem Lexikon.

Als »Holländer« zum Ehrentitel wurde

Friedrich Wilhelm von Hohenzollern war 1620, zu Beginn des Dreißigjährigen Krieges, als Sohn des Kurfürsten Georg Wilhelm von Brandenburg geboren und übernahm 1640, immer noch im Krieg, ein bis auf den Grund verwüstetes Land. Nach einer groben

Schätzung waren während des Krieges allein in Pommern, der Mark und Mecklenburg über 250 Schlösser, 370 Städte und 7000 Dörfer vollkommen zerstört worden. Unzählige Äcker lagen brach, weil keiner mehr lebte, der sie hätte bestellen können.

Der Prinz war jedoch zur Ausbildung in die Niederlande geschickt worden, wo er sah und begriff, was ein modernes und auf jedem Gebiet hochentwikkeltes Staatswesen leisten konnte. Als er, erst zwanzig Jahre alt, nach dem Tod des Vaters die Regierung übernehmen mußte, stützte er sich bei der Wiederherstellung der politischen und wirtschaftlichen Macht auf seine in den Niederlanden erworbenen Kenntnisse. Er heiratete eine oranische Prinzessin, Luise Henriette, und ihr ist es vor allem zu verdanken, daß Brandenburg ein fruchtbares Land wurde. Sie holte ihre Landsleute in die kriegsleere Mark und ließ sie mit ihrer alten Kunst, dem Wasser Land abzuringen, Felder und Weiden und Gärten anlegen.

Die Niederländer fanden keinen schlechten Boden vor. Die Ton- und Lehmböden boten eine natürliche Fruchtbarkeit, vor allem aber die entwässerten Flußniederungen, die man Luch oder Bruch nennt. Beide Böden profitierten erheblich von der planmäßigen Kultivierung durch die Holländer, die aus dieser Provinz eine Kornkammer machten, Roggen und Gerste vor allem, und selbst im sogenannten schlechten Sandboden noch Buchweizen, Kartoffeln und Teltower Rübchen anbauten. Im Oderbruch gediehen Zuckerrüben, Obst kam aus der Gegend von Werder und Guben.

1658 holte Luise Henriette holländische Milchfachleute nach Bötzow, das ihr zu Ehren später Oranienburg genannt wurde, und gründete Meiereien und eine Meiereischule, während ihr Mann, der Große Kurfürst, wie er bald hieß, schon ein paar Jahre vorher Buttermacher aus Nordstrand in die Uckermark hatte kommen lassen.

Die Kinder und Enkel des Kurfürstenpaares setzten diese Anfänge fort. Es entstanden sogenannte Holländereien und die damals berühmte und bestaunte Butterakademie des Soldatenkönigs Friedrich I. In Werder wurde die vom Niederrhein mitgebrachte Knupperkirsche angebaut, und schon bald wurde »Holländer« zu einem Ehrentitel, der von Friedrich II. verliehen wurde. Dieser ließ, weil die Bevölkerung wuchs, weiterhin Sumpfgebiete im Rhinluch, im Dossebruch, Warthe-, Netze- und Oderbruch trockenlegen, so daß Weideland für Milch- und Zuchtvieh entstand.

Die Hugenotten und die Béchamelkartoffeln

Das Wichtigste aber waren die Kartoffeln. Als erster Hohenzoller hatte ihnen der Große Kurfürst einen Platz im Lustgarten gegeben, mitten in Berlin. Die Pflanzen wurden dort freilich nur als botanische Seltenheit in die Beete gepflanzt. Das war 1651. Doch um sie zu dem zu machen, was sie in des »Heiligen Römischen Reiches Streusandbüchse« geworden sind, brauchten die Brandenburger die Franzosen.

1685, kurz vor dem Tode des Großen Kurfürsten, wurde das Edikt von Nantes, das den evangelischen Hugenotten im katholischen Frankreich bisher die Religionsfreiheit garantiert hatte, aufgehoben. Dies rief einen Schock in allen protestantischen Staaten hervor, die mit Frankreich verbündet waren, und der Große Kurfürst konterte sofort mit dem Edikt von Potsdam, das seinen Untertanen Religionsfreiheit zusicherte, so daß viele Hugenotten, die ein Zwölftel der Bevölkerung Frankreichs ausmachten, nach Brandenburg emigrierten. Sie waren hochwillkommen, auch ihres Gewerbefleißes und ihres handwerklichen Geschicks wegen. Sie begründeten die preußischen Seiden-, Woll- und Ledermanufakturen, arbeiteten als Handschuhmacher, Gold- und Silberschmiede, Zinngießer, Glas- und Spiegelhersteller und brachten den ersten Hauch von Stil, Eleganz und Luxus in das noch dörfliche Berlin.

Theodor Fontane stammte über beide Eltern von eingewanderten Hugenotten ab. Diesen Familien nun hatte ihr neuer Landesherr, Friedrich Wilhelm I. – unterdessen nannte sich der Brandenburger »König in Preußen« –, befohlen, vor den niedergelegten Palisaden der Stadt Kartoffeln für die Charité anzupflanzen, und sein Enkel, Friedrich II., befahl seinen Untertanen später, von jeder Hufe (dreißig Morgen) mindestens zwei Morgen mit Kartoffeln zu bestellen. Die französischen Religionsflüchtlinge lieferten auch die Rezepte, die aus Kartoffeln ein schmackhaftes Gericht machten: Marquis de Béchamel war Küchenmeister des französischen Königs gewesen und hatte ein Kochbuch geschrieben, das mit den Hugenotten nach Berlin gekommen war, so auch die nach ihm benannten Béchamelkartoffeln. Selbst die Bratkartoffeln stammten vom linken Rheinufer, kamen aber erst zu Fontanes Zeit in Brandenburger Pfannen.

Auch die Würstchen zur klassischen Berliner Kartoffelsuppe waren eine französische Erfindung: Die Hugenotten brachten das Rezept der feinen Brühwürste mit, und man sagt, ein Monsieur Niquet habe sie als erster am Gendarmenmarkt verkauft. Ein einheimischer Wirt ließ die leckeren Würste zum Einbecker Bier servieren, einem dunklen Bockbier, was der hugenottischen Wurstspezialität nun wiederum den treudeutschen Namen Bockwurst einbrachte. Ein weiteres Gericht wurde aus Frankreich mitgebracht: das Kotelett, als Karbonade in der Pfanne gebraten. 1715 wurde es zum erstenmal von Hugenotten in Berlin zubereitet, besonders gern mit Schmorgurken.

Gurken aber wurden schon seit mehr als hundertundfünfzig Jahren im Brandenburgischen angebaut. Im 16. Jahrhundert war ein Baron Schulenburg, damals Standesherr in Lübbenau, durch die Niederlande gereist, hatte sich an den dortigen Gurken delektiert und die Tuchmacher, die er 1555 von dort mitgebracht hatte, zum Anbau dieses köstlichen Sommergemüses ermuntert. Die Gurken wurden anfangs wie Obst, zur Erfrischung, oder als Gemüse gegessen. Erst als der preußische König Friedrich II. das Salzmonopol für sich in Anspruch nahm und jeder Bürger eine Mindestmenge abnehmen mußte, wurde Gemüse vornehmlich durch Salz konserviert.

So entstanden Sauerkraut und Salzgurken und etablierten sich für alle Zeit auf dem Berliner Speisezettel. Juli und August, die Monate der Gurkenernte, wurden im ursprünglichen Sinne des Wortes als Saure-Gurken-Zeit ein Begriff, den der Musiker Zelter 1821 in einem Brief an Goethe zum erstenmal benutzte.

Albrecht Thaer, der »Vater der preußischen Landwirtschaft«

Trotz allen Fleißes aber wären die Dörfer, die Schloßherrschaften und die Rittergüter in dieser Gegend, die Theodor Fontane als junger Journalist durchwanderte und an deren Tischen er aß, so geblieben, wie es noch im Lied vom Brandenburger Adler heißt: »Steige hoch, du roter Adler, wohl über Sumpf und Sand, Sumpf und Sand!« Der Wandel zum kultivierteren Land hatte wiederum mit Kartoffeln zu tun, für die es auch nach hundert Jahren noch keinen einheitlichen Namen gab. In der Uckermark nannte man sie »Nudeln«, in der Prignitz »Tüffeln«, im Vogtland »Knollen«, und in der Lausitz und in Schlesien hießen sie wie die Topinamburs: »Erdbirnen« oder »Erdäpfel«.

Sie waren nicht heimisch geworden, denn auf den Äckern herrschte wie im Mittelalter die Dreifelderwirtschaft mit Sommer- und Wintergetreide und Brache im jährlichen Wechsel. Auf dem Brachland weidete das Vieh, und sein Dung wurde zur Nahrung der Böden untergepflügt. In diesem Rhythmus gab es keinen Platz für Erdfrüchte. So waren die »Kartüffeln« oder »Erffeln« im Hausgarten gelandet, und weil anfangs niemand wußte, wie sie

Karl Blechen, *Märkische Landschaft mit Kiefern und sandschaufelnden Figuren*. Um 1830–1836

zubereitet werden sollten, aßen die Bauern sie so roh wie die neumodischen Gurken, und jeder weiß, was das für ein Unterschied ist.

Der Wandel kam mit Albrecht Thaer, dem Fontane in den *Wanderungen durch die Mark Brandenburg* ein ganzes Kapitel gewidmet hat, bei dem er eine seiner Romanfiguren, Lewin von Vitzewitz, aus *Vor dem Sturm* in Berlin Vorlesungen hören ließ und der später der »Vater der preußischen Landwirtschaft« genannt wurde. Thaer hatte in Göttingen Medizin und Philosophie studiert, wandte sich dann der Landwirtschaft zu und erhielt vom preußischen König für seine wissenschaftlichen Experimente vierhundert Morgen im Oderbruch. Diese tauschte er bald gegen ein Gut, auf dem er eine landwirtschaftliche Lehranstalt eröffnete. Hier begann Thaer, die Erkenntnisse der Naturwissenschaft konsequent auf die Landwirtschaft anzuwenden, und verbesserte unter anderem die Dreifelderwirtschaft so, daß der Kartoffelanbau einen deutlichen Aufschwung nehmen konnte.

Die preußischen Reformen nach 1807 brachten trotz bestehenbleibender Fronarbeit und Gesindezwang einen weiteren Fortschritt. Mehr Land kam unter den Pflug, der ebenfalls verbessert wurde und tiefer nach der Scholle griff, neue Nutzpflanzen setzten sich durch – neben den Kartoffeln waren das vor allem Mais, Tabak und Sonnenblumen. Auch die Tierbestände nahmen zu, und die höheren Dungmengen verbesserten Äcker und Anbauerträge, so daß der Kreis sich schloß und in der einst kargen Mark nun wesentlich mehr gesät und geerntet werden konnte als zuvor.

Die alte Welt des Adels

Obwohl im Laufe des vorigen Jahrhunderts die Standesregeln sich lockerten, obwohl Rittergüter beliehen und gehandelt werden konnten wie Pferde, so führte der allgemeine wirtschaftliche Aufschwung doch dazu, daß die patriarchalische Adelswelt in den preußischen Provinzen sich nur noch mehr festigte und äußerlich kaum veränderte. Diese Adelsgesellschaft kehrte nach dem Elend der Franzosenzeit und der Kriegslasten erleichtert zu ihrem alten Gefüge zurück. *Schach von Wuthenow* – der Roman spielt im Jahre 1806 – scheint für jene zu stehen, die diese Spannung zwischen friderizianischer Tradition und der veränderten Gegenwart nicht aushalten konnten. Er zeigt die Unfähigkeit eines Mannes, mit der Wirklichkeit jenseits der Offiziers- und Adelskaste fertig zu werden.

Andererseits war es für den Bürger, der seine Standesschranken hinter sich lassen und – wie in Fontanes Fall – seinen eigenen Wert erkannt und geachtet wissen wollte, ebenso schwer, mit Aristo-

Max Liebermann, *Arbeiter im Rübenfelde*. 1876

kraten umzugehen. Fontane schildert, wie ihn sein Jugend- und Sonntagsvereinsfreund Bernhard von Lepel zu einer Hochzeit auf dem Lande einladen wollte.

»*... ich preise bis heute den in Entschuldigungen gekleideten Absagebrief*«, schreibt er in seinen Erinnerungen *Von Zwanzig bis Dreißig*, »*der mich und vielleicht mehr noch die anderen vor Verlegenheiten bewahrte ... noch heute bin ich ängstlich beflissen, bei Hochzeiten, Taufen und Begräbnissen auf dem Lande – Begräbnisse sind am schlimmsten – nicht zugegen zu sein, auch nicht im Kreise mir Befreundeter. Denn die ›Befreundeten‹ haben an solchem Tage das Spiel nicht in der Hand, und an die Stelle, wenn ich mich so ausdrücken darf, einer wohlwollenden Hausluft, die der adlige Freund mir alltags gern und wie selbstverständlich gewährt, tritt plötzlich eine durch die geladene Gesamtheit heraufbeschworene eisige Standesatmosphäre. Die beiden Freunde, der Adlige und der Bürgerliche, schwitzen gegenseitig Blut und Wasser, während die meist in Provinziallandschafts-Uniform auftretenden oder doch mit einem Johanniterkreuz ausgerüsteten Träger höherer Gesellschaftlichkeit nicht recht wissen, was sie mit einem machen sollen. Rettung wäre vielleicht Anlegung eines Adler- oder Kronenordens, wenn man dergleichen hat, aber auch das bleibt ein ge-*

wagtes Mittel, weil es als Anspruch auf Ebenbürtigkeit gedeutet werden, also mehr kosten als einbringen kann. So steht man denn in seiner weißen Binde, die, wenn man Unglück hat, auch noch schief sitzt, ziemlich verlassen da und liest auf der Mehrzahl der Gesichter: ›Nun ja, er wird wohl darüber schreiben wollen‹, was zwar alle dringend wünschen, aber trotzdem von jedem einzelnen als etwas Niedriges und beinahe Gemeines angesehen wird. So liegt es noch.«

Kinderzeit in einer Kleinstadt

So wie Fontane in seinen Romanen immer wieder Musterbilder des Adels darstellte, so zeigt er in *Meine Kinderjahre* die andere Seite der gesellschaftlichen Situation. Fontane verwahrte sich zwar immer gegen den sentimentalen Begriff von der »guten alten Zeit«, auch dagegen, *»gar von ihrer Tugend zu sprechen«*, aber in seiner Autobiographie zeichnete er Szenen eines bürgerlichen Idylls. Er beschwört darin noch einmal die Welt in einem Bürgerhaus, das Gewimmel von Frauen in der Küche, beim Schlachten, Kochen und Backen. Das Kind war überall willkommen, auch wenn es störte, und es beobachtete das Einverständnis, mit dem sich alle dem Notwendigen beugten.

Die Eltern, die zu den Honoratioren gehörten, waren zur Geselligkeit verpflichtet, also gab man einmal im Winter ein Herrenessen. Das mußte sich die Familie, um ihr soziales Niveau zu halten, trotz ständiger Geldschwierigkeiten leisten können. Dabei hat Fontane früh erlebt und fast staunend wahrgenommen: den Wert des Gesprächs, das *»gewisse geistige Element«* als Seele der Geselligkeit.

Das Herrendiner bei Fontanes Eltern in Swinemünde

Etwa um eben diese Zeit begann auch das gesellschaftliche Leben und zwar in Gestalt einer Reihe von Woche zu Woche wiederkehrenden Gastereien ... Waren wir an der Reihe, so bemächtigte sich des ganzen Hauses eine feierliche Stimmung ... An diesem Vorbereitungstage erschien, wie in allen anderen Häusern, so auch bei uns die Witwe Gaster, eine renommierte Kochfrau. Sie vereinigte Behagen und Würdigkeit in ihrer Erscheinung und wurde, dieser letzteren Eigenschaft entsprechend, mit Respekt und unbedingtem Vertrauen behandelt... Ihr Eintritt in unser Haus war für mich gleichbedeutend mit Postofassen in Nähe der Küche, wo nun alles, was sich vollzog, von mir beobachtet, beziehungsweise bewundert wurde ...

Meiner Erinnerung nach waren es immer Herrendiners, 12 oder 14 Personen, und nur gelegentlich erschien auch wohl meine Mutter mit bei Tisch, meist begleitet von ihrer, auch zur Winterzeit oft monatelang auf Besuch bei uns weilenden, damals noch sehr jungen und hübschen Schwester ... Ich habe weiter oben von der Kochkunst der guten Frau Gaster gesprochen, aber dieser Kochkunst unerachtet war die Bewirtung eigentlich einfach, namentlich gemessen an dem Raffinement, das jetzt bei Gastmählern vorherrscht. Einfach sage ich und dabei stabil. Keiner wollte zurückbleiben, aber auch nicht über den anderen hinausgehen. Auf die Suppe folgte ein Fisch, dann (feststehend) Teltower Rübchen und Spickgans, dann ein ungeheurer Braten und zum Schluß eine süße Speise, samt Früchten, Pfefferkuchen und Königsberger Marzipan. Eine fast noch größere Einfachheit herrschte hinsichtlich der Weine; nach der Suppe wurde Sherry gereicht; dann aber trat ein Rotwein von mäßigem Preis und mäßiger Güte seine Herrschaft an und hielt sich bis zum Kaffee. Das Besondere, das diese Festlichkeiten hatten, lag also nicht im Materiellen, sondern sonderbar zu sagen in einem

Die Adler-Apotheke, Fontanes Elternhaus in Swinemünde, um 1870

gewissen geistigen Element, in dem Ton, der herrschte. Dieser war, auf Anfang und Ende hin angesehen, ein sehr verschiedener. Den Anfang machten fein stilisierte Toaste, mitunter ... auch Verse, die, was Formgewandheit und glückliche Pointen angeht, nichts zu wünschen übrig ließen.«

Der »ungeheure« Braten war in der bürgerlichen Küche der Höhepunkt und auch das Ende einer Mahlzeit. In Fontanes Kindertagen wurde dieser ungeheure Braten noch auf den Spieß gesteckt und geduldig gedreht, weswegen ein gut marmoriertes Stück Schweinefleisch besonders beliebt war, da die Hausfrau nicht zittern mußte, daß ihr das Fleisch bei dieser langen Prozedur austrocknete.

Die Köchinnen und Köche dieses Jahrhunderts haben es leichter, aber um den Fontaneschen Geschmack zu erreichen, sollte man den Braten auch im Herd »trocken« braten. Ein schönes Stück vom Schwein war im Herbst und Winter, nach dem Schweineschlachten, der natürliche und klassische Braten für ein festliches Abendessen.

Festtags-Suppe
1–1½ l Knochen- oder Fleischbrühe
2–3 Zwiebeln
2–3 EL Bratfett
4 Kartoffeln
2 Mohrrüben
1 Stück Sellerie
1 Handvoll Pilze
Salz und Pfeffer
½ l Sahne
1 Eidotter
evtl. Kräuter, feingewiegtes Fleisch oder Schinken,
gekochter Reis, Eierstich

Die Knochen- oder Fleischbrühe sollte gut gewürzt und reduziert sein. In einem großen Topf werden die geschälten und zerschnittenen Zwiebeln in Bratfett angeröstet, dann kommt das geputzte und gewürfelte Gemüse hinzu, das ebenfalls mit angeröstet und mit der Fleischbrühe aufgegossen wird.
30–40 Minuten leise kochen lassen, dann alles durchs Sieb streichen und abschmecken. Die Sahne mit dem Eidotter verquirlen, in die heiße Suppe rühren, die nun aber nicht mehr kochen darf, weil das Ei sonst ausflocken würde. Diese Suppe kann man selbstverständlich mit allen Kräutern würzen, die man mag oder die man vorrätig hat, und man kann sie mit einer Einlage aus feingewiegtem Fleisch oder Schinken, einem Löffel gekochtem Reis oder Eierstich noch interessanter machen.

Pochiertes Fischfilet

750 g Filet von Rotbarsch, Dorsch oder Lengfisch
Salz und Pfeffer
1 TL feingewiegtes Rosmarin
2 EL Mehl
2 EL Butter
1 große feingewürfelte Zwiebel
1/8 l Sahne

Die Fischfilets säubern und in gleich große Stücke schneiden, Mehl, Salz, Pfeffer und Rosmarin in einem Suppenteller vermengen, jedes Fischstück leicht darin wälzen. In einer großen Pfanne oder in einem Schmortopf die Butter schmelzen, die Zwiebel hineingeben und unter ständigem Umrühren glasig werden lassen. Eventuell noch etwas Fett dazugeben und die Fischfilets von beiden Seiten und auf mittlerer Hitze anbraten. Die Sahne dazugießen, so lange kochen lassen, bis sie sich um die Hälfte reduziert. Dann eine Tasse Wasser, Fleischbrühe oder Weißwein dazugießen, heiß werden, aber nicht kochen lassen und die Fischfilets zugedeckt unter zwei- oder dreimaligem Umwenden je nach Dicke 8–10 Minuten garen. Die Fischfilets bleiben saftig und schmecken ausgezeichnet zu Salzkartoffeln oder Kartoffelmus, auch zu Spinat und gedünstetem Lauch.

Spickgans

Die Spickgans oder Spickbrust ist eine geräucherte Gänsebrust, denn spik heißt: trocken geräuchert. Die so zubereitete Brust der gut und mit Hafer gemästeten Weihnachtsgänse war schon am Hof des Soldatenkönigs äußerst beliebt. Sein Sohn, Friedrich II., machte dieses Hausmannsgericht, das beim herbstlichen Gänseschlachten den Herrenhappen darstellte, hof- und damit gesellschaftsfähig.
Die Gänsebrust wird mit einem scharfen Messer in Scheiben geschnitten und so serviert.
Zum zweiten Frühstück oder zum Abendbrot wird sie so dünn wie möglich geschnitten und auf gebuttertem Schwarzbrot gegessen.

Teltower Rübchen

1 kg Teltower Rübchen
60–100 g Butter
1 EL Zucker
½ l Wasser oder Fleischbrühe
Salz und Pfeffer
etwas Zitronensaft

Die Teltower Rübchen waschen und schaben oder ganz dünn schälen und danach in eine Schüssel mit Wasser geben, weil sie sich leicht verfärben. Die Rübchen werden in der Fleischbrühe eine halbe Stunde lang gegart und danach gut abgetropft. Dann zerläßt man in einem Schmortopf die Butter, rührt den Zucker hinein, rührt, bis er blond ist, und gibt die Rübchen dazu. Sie werden unter ständigem Umrühren und auf schwacher Hitze in diesem Karamel gebräunt.
Nach einem anderen Rezept werden die geputzten Rübchen zuerst im Karamel glasiert und dann mit einem Schaumlöffel aus dem Topf genommen. Zum Karamel kommt noch etwas Fett und 1½ Löffel Mehl, alles wird gut verrührt und mit der Fleischbrühe aufgegossen. Abschmecken, nachwürzen, die Rübchen wieder hineingeben und etwa 30 Minuten in der Sauce kochen lassen. In beiden Fällen würzt man die Rübchen gern vor dem Auftragen mit ein paar Tropfen Zitronensaft.

Der »ungeheure« Braten
2 kg Schweinefleisch aus der Keule
mit Fett und Schwarte
Salz und Pfeffer, Rosmarin
Öl, Fleischbrühe
2 Lorbeerblätter, 5–6 Pfefferkörner
2–3 Zwiebeln
2 Mohrrüben
¼ Knolle Sellerie
¼ l Weißwein oder
¼ l Sahne und 2 Eidotter
Dazu: Salzkartoffeln und Sahnelauch

Die Schwarte vom Fleisch ziselieren lassen, also: zu versetzten Karos einritzen, so daß sie beim Braten nicht platzt und das Fett gut ausschwitzen kann. Das vorbereitete Fleisch salzen, pfeffern und mit fein zerriebenem getrockneten Rosmarin einreiben, mit Öl bestreichen und in den auf 250°C vorgeheizten Ofen auf den Rost setzen, Schwarte nach oben. Das Bratblech unter den Rost schieben, die Fleischbrühe hineingießen, zu der man Lorbeerblätter und Pfefferkörner geben kann. Nach 15 Minuten die Hitze auf 200°C herunterschalten und weitere 30 Minuten braten. Danach die Fleischbrühe ergänzen, die bis dahin etwas zerkocht sein wird, gewürfelte Zwiebeln, Mohrrüben und Sellerieknolle hinzugeben, die Hitze auf 180°C herunterschalten und weitere 60–90 Minuten braten. Wenn die Schwarte zu stark bräunt, den Braten mit einem Blatt Aluminiumfolie zudecken. Den fertigen Braten auf eine vorgewärmte Platte legen, im abgeschalteten Ofen warm stellen, Bratsaft und Gemüse durchpassieren und mit etwas Weißwein oder Sahne aufkochen und mit Dottern zur Sauce legieren.
Zu diesem Schweinebraten reicht man Salzkartoffeln und Sahnelauch. Der Lauch, in feine Ringe geschnitten, wird in Salzwasser 5 Minuten gekocht, abgetropft und in eine schön cremige Sahnesauce (Rezept siehe in meinem Buch »›Feine Leute kommen spät …‹ oder Bei Thomas Mann zu Tisch. Tafelfreuden im Lübecker Buddenbrookhaus«, Arche 2004, S. 59) gegeben.

Prinzessinnenreis

250 g Rundkornreis
1–1¼ l Milch
1 Schote Vanille
2 Apfelsinen
1 Zitrone
300 g Zucker
25 g weiße Gelatine
½ l Sahne
Maraschinokirschen, Erdbeerpüree oder eingemachte Früchte

Der Reis wird in reichlich Wasser mit einer Prise Salz 5 Minuten blanchiert und abgegossen. 1 l Milch mit der aufgeschlitzten Vanilleschote und den dünn abgeschälten Schalen von Apfelsinen und Zitrone aufkochen lassen, den Reis und den Zucker hinzugeben und den Reis auf kleinster Flamme in etwa 30 Minuten ausquellen lassen. Dann die Apfelsinen- und Zitronenschalen herausfischen und die aufgelöste Gelatine unterziehen. Die Speise erkalten lassen, dann die Sahne steif schlagen und darunterheben. Man füllt den Reis in Glasschalen, kann ihn auch stürzen, und garniert ihn nach Belieben mit Maraschinokirschen, Erdbeerpüree oder eingemachten Früchten.

Königsberger Marzipan

Früher hat man das Marzipan selbst aus 500 g süßen Mandeln, 500 g Puderzucker und einigen bitteren Mandeln mit 3 EL Rosenwasser gearbeitet. Heute macht man es sich leichter und kauft das beste Rohmarzipan, das man bekommt.

Rohmarzipan
Rosenwasser (aus der Apotheke)
1 Eidotter
kandierte Früchte
grüne Angelika (Engelwurz)

Das Rohmarzipan wird auf Puderzucker halbzentimeterdick ausgerollt, und dann sticht man nach Belieben kleine runde Törtchen oder Herzen aus. Aus den Marzipanresten rollt man dünne Würstchen, bepinselt die Ränder des ausgestochenen Marzipans mit Rosenwasser und klebt rundherum eine dünne Wurst als Rand auf. Dieser Rand wird eingekniffen, mit einer Schere oder mit den Fingerspitzen, so daß er wie gerüscht aussieht, dann wird dieser Rand mit verquirltem Eidotter bepinselt, die Törtchen werden auf ein mit Backtrennpapier ausgelegtes Blech gesetzt und ein paar Minuten in den auf 180 °C vorgeheizten Ofen geschoben. Der Rand soll nur goldblond werden. Dann zieht man das Ganze wieder aus dem Ofen, füllt jedes Marzipanchen innerhalb des Randes mit Punschglasur und kann sie noch nach Herzenslust mit kandierten Früchten und grüner Angelika verzieren. Nach anderen Rezepten werden aus dem Rohmarzipan

Schnecken und Spiralen geformt, vorsichtig eingekerbt, ebenfalls mit Eidotter bepinselt und wie oben kurz überbacken.

Punschglasur
250 g Puderzucker
2 EL Arrak
Zitronensaft

Der Puderzucker wird in eine Schüssel gefüllt und mit 2 EL Arrak, ein paar Tropfen Zitronensaft und etwa 1 EL heißem Wasser verrührt, so daß eine geschmeidige Glasur entsteht.

Gastlichkeit mit eigenen Äpfeln und Sinn für Sparsamkeit

Fontanes anderes Gegenbild zur preußischen Adelswelt – außer dem seiner eigenen Familie – stammte aus England, wo er auf seinen verschiedenen Reisen immer wieder die lockere, selbstverständliche Höflichkeit schätzen lernte, die den Umgang auch mit Fremden so angenehm macht.

Dieser fast lässigen Gastlichkeit begegnet der Leser auch in *Vor dem Sturm*. Der Roman spielt 1812, zwischen dem Oderbruch und Berlin. Es geht um das Schicksal der Familie Vitzewitz, vor allem um den alten Berndt von Vitzewitz, der als ehrliebender Offizier vielleicht sofort getan hätte, was der König mit der Verantwortung für Leben und Gut seiner Untertanen nicht wagte: den Vertrag mit Frankreich um der Ehre Preußens willen zu brechen. So kündigt er seinem König den Gehorsam auf und beschließt: »Über die Oder kommt keiner!« Keine der aus Rußland flüchtenden napoleonischen Truppen. Doch Vitzewitz scheitert, sein Sohn Lewin wird gefangengenommen, dessen Freund verliert sein Leben, und der Alte muß erkennen, daß nicht Gewalt Preußen erneuern wird.

In Hohen-Vietz im Oderbruch, wo der verwitwete Berndt von Vitzewitz so bequem und so bedürfnislos lebt wie – laut Fontane – viele seinesgleichen, sitzen seine Kinder, Renate und Lewin, mit ihrer Freundin Marie um sieben Uhr abends am Kamin zusammen, und jeder ist beschäftigt. Der Diener *»Jeetze trat ein, um eine Schale mit Obst auf den Tisch zu stellen, Erdbeeräpfel und Gravensteiner, die in Hohen-Vietz vorzüglich gediehen«*.

Das einzige, was es zu den Äpfeln wohl zu essen gab, werden die goldenen Nüsse vom Weihnachtsbaum gewesen sein, den Jeetze von der Halle her hereingetragen und den Lewin zu plündern begonnen hatte.

Äpfel nach alter Art

Die Schale mit Früchten und Nüssen, die nach Tisch herumgereicht wird, knüpft an alte Traditionen an: an die Antike mit ihren Früchteschalen, selbst Göttern würdig und vor allem lieb, ebenso wie an die Barockzeit, in der der Kurmainzer Mundkoch Max Rumpolt in seinem berühmten Kompendium der Kochkunst 1587 zum erstenmal alles das zusammenfaßte, was die Küchenbeamten am Hof für »Kayserliche Banckete« wissen mußten. Nach diesen Ratschlägen richteten sich auch die Küchenmeister der anderen deutschen Höfe, ob es der König von Böhmen und Ungarn war oder ein Reichsgraf, und selbst Bürger und Bauern ließen bei einem Bankett, also einem nichtfamiliären, sondern einem offiziellen Festmahl, nach Rumpolts Vorschlag zum Schluß der drei bis neun Gänge à dreißig bis achtzig Speisen eine Schüssel auftragen, in der Äpfel, Birnen und Nüsse, Käse und allerlei Gebackenes, Kuchen, Marzipan und Hohlhippen zusammen angerichtet waren.

Das widerlegt die Ansicht, daß die alte deutsche Küche arm gewesen sei an Obst. Eins der schönsten Gegenbeispiele: das Friedensmahl, das den Dreißigjährigen Krieg im Rathaus von Nürnberg beschloß. Schon der Saal muß nach Früchten geduftet haben, denn er war mit »Fruchtgehängen gezieret, in dem man dreißig Arten von Blumen und Früchten sowie Flittergold eingebunden hatte«. Und »der fünfte Gang bestand aus Gartenfrüchten, die teils in silbernen Schüsseln gereicht wurden, teils aber an lebenden Bäumen hingen, die man auf die Tafel setzte. Zwischen den Blättern aber hing Räucherwerk ...«

Solchem barocken Überschwang der Schau-Essen und ständischen Bankette hatten die brandenburgischen Kurfürsten und die preußischen Könige freilich ein Ende gesetzt. Die einen verboten unter Androhung von Geldstrafen, bei solchen Gastmählern die Diener mehr als zwei oder drei Gänge – von der Küche in den

Speisesaal – machen zu lassen. Die anderen führten so hartnäckig ihre Kriege, daß die Silbergeschirre zu Soldatensold umgeschmolzen werden mußten.

In Schlössern wie Hohen-Vietz herrschte ohnehin kein Prunk. Noch hatte das nichts mit Prinzipien zu tun, eher mit dem Selbstbewußtsein des alten Adels, der nicht prunken mußte, um zu zeigen, wer er war. Hinzu kam die Armut der Jahre unter Napoleon, und so reichte man die Äpfel herum, die drüben *»im Saal auf Stroh«* gelagert wurden. Wäre der Birnbaum gerade abgeerntet worden, so hätte es Birnen gegeben. Oder das, was der Baum- und Obstgarten gerade bot und was eher als ein Geschenk Gottes betrachtet wurde denn als Gegenstand von Wirtschaftsstatistiken.

Erst am Ende des Jahrhunderts, als Maße und Gewichte, Münzen und Uhrzeiten, Schulpflicht und Eisenbahnpreise und vieles andere reichseinheitlich gemacht und der Reichsbestand statistisch berechnet wurde, kamen auch die Äpfel an die Reihe. Die deutschen Obstbäume wurden gezählt! Summa: 168,9 Millionen, wobei die Pflaumen mit 69,94 führten, gefolgt von den Äpfeln mit 52,3, Birnen mit 25,1 und Kirschen mit 21,6 Millionen. Das reichte jedoch nicht aus, um »das Verlangen des deutschen Volkes nach Obst zu stillen«. Allein für importierte Äpfel mußten pro Jahr 23 Millionen kostbare neue Goldmark ausgegeben werden, insgesamt für Obst 39 Millionen. Die Forderung der Wirtschafter: »Pflanzt 15 Millionen neue Obstbäume!«, ließ jene Obstanbaugebiete entstehen, die wir heute kennen, führte freilich zu dem Verlust alter Sorten, den wir bedauern, zum Verlust der Apfelkultur, wie sie zu Fontanes Zeiten noch selbstverständlich war.

Fontane war ein großer Apfel-Liebhaber und ließ keine Gelegenheit aus, seine Helden eine beherzigenswerte Bemerkung über diese Frucht machen zu lassen. So sagt Professor Schmidt in *Frau Jenny Treibel: »Es gibt Spiele der Natur, die mehr sind als bloßes Spiel und dem Weisen als Wegweiser dienen; dahin gehören … die Borsdorfer*

mit einer Pocke. Denn es steht fest, je pockenreicher desto schöner …«
Ob beim Apfelbauern, beim Gärtner oder im eigenen Hausgarten: Es gab immer verschiedene Apfelbäume, die zu verschiedenen Zeiten blühten, trugen und reif wurden, und sie lieferten Sorten, die zum Beispiel gleich im August verzehrt werden mußten und gar nicht gelagert zu werden brauchten. Andere paßten mit ihren roten Backen in die Advents- und Weihnachtsschüsseln, und wieder andere konnte man bei richtiger Lagerung, auf Holzhorden oder Stroh im Apfelkeller, bis in den Frühling halten. Sicher wird der Diener in Hohen-Vietz oder die Köchin alle paar Tage zu den Äpfeln auf ihrem Winterlager gegangen sein, wird sie umgedreht haben, um nach Früchten mit plotzigen oder faulen Stellen zu suchen. Die kamen in den Korb, damit sich die anderen Äpfel nicht ansteckten, und wurden zu Kompott oder Mus oder Apfelsuppe verarbeitet.

Sparsamkeit auf Eis
Die Massenaufbewahrung frischer Früchte, die bei der Versorgung der wachsenden Großstädte notwendig wurde, war jedoch noch ein Problem. Obstzüchter hatten nur den Eiskeller oder das Eishaus zur Verfügung. Das war ein großer Kasten mit einer Tür, der meist im Garten an einer schattigen, kühlen Stelle auf einem Holzrost stand, im Winter so von Eis umschichtet, daß nur die Tür frei blieb. Durch Wasserguß sorgte man dafür, daß der Eismantel zu einem festen Block zusammenfror, der mit Moos, Stroh und Nadelwaldstreu zugedeckt und mit Tüchern verhangen oder mit Erde aufgeschüttet wurde. Das Eis hielt sich den Sommer über bis zum nächsten Winter.

In den Schlössern gab es die Eiskeller, ausgemauerte Kellerräume im Nordflügel. Im Winter wurden sie mit Eisblöcken gefüllt, die die Leute aus den zugefrorenen Seen oder Teichen schnitten. Auch diese Eisvorräte überstanden die heißesten Sommerwochen und hielten Fleisch, Milch und Erdbeeren, Himbeeren oder andere zarte Früchte wunderbar frisch. Gute Vorratswirtschaft war besonders wichtig in Zeiten des Mangels und der politischen Krisen.

Die Weihnachtsessen in »Vor dem Sturm«

Die Essen, die im Lauf des Romans *Vor dem Sturm* erwähnt werden, sind von der Bescheidenheit der napoleonischen Jahre gekennzeichnet und zeigen die sozialen Spielarten, die voller Selbstbewußtsein und auch ohne sozialen Neid vorgeführt werden. Da ist das Weihnachtsessen bei Hoppenmarieken, der hexenhaften Zwergin, die am Rande des Dorfes, am Rande selbst der dörflichen Gesellschaft lebt und sich gerade deshalb vor niemandem geniert, erst recht nicht vor der Herrschaft. Sie gönnt sich einen Eierrum.

»Sie wühlte behaglich in ihrer Kiepe, bis sie die Gegenstände, die sie suchte, gefunden hatte. Was zuerst aus der Tiefe heraufstieg, war eine blaue Spitztüte, dann kamen zwei Eier, die sie prüfend gegen das Licht hielt, zuletzt ein altes bedrucktes Sacktuch, in das aber etwas Wichtigeres eingeschlagen war. Wenigstens hielt sie das Paket mit beiden Händen ans Ohr und schüttelte. Der Ton, den es gab, beruhigte sie. Sie legte nun alles auf den Tisch, eins neben das andere, und holte vom Schapp her einen alten Fayencetopf mit abgebrochenem Henkel, dazu einen Quirl und einen Blechlöffel. Jetzt war alles beisammen. Sie tat aus der blauen Tüte einen Löffel Zucker in den Topf, schlug die beiden Eier hinein, wickelte aus dem Sacktuch eine Rumflasche heraus, liebäugelte mit ihr, goß ein und quirlte. Nur etwas fehlte noch: das siedende Wasser. Aber auch dafür war gesorgt. Sie trat in den Flur, kroch in das Ofenloch und kam mit einem rußigen Teekessel zurück, dessen Inhalt zischend und sprudelnd in dem großen Fayencetopf verschwand. Hiermit waren die Vorbereitungen als geschlossen anzusehen. Das eigentliche Fest konnte beginnen. Sie machte den Tisch wieder klar, baute sich einen großen, braunen Napfkuchen auf und sah, während sie den Kopf in

beide Arme stützte, mit sinnlicher Zufriedenheit auf das hergerichtete Mahl.«

Dagegen das Diner bei Tante Amélie, Gräfin von Pudaglia, älteste Schwester von Berndt von Vitzewitz, die französisierende Guser Gräfin: Noch ganz dem 18. Jahrhundert verhaftet, hieß es für sie »*Hof und Gesellschaft*« statt »*Volk und Vaterland*«. Sie hatte das verfallende Schloß Guse im Oderbruch renovieren und in der Pracht des Ancien régime ausstatten lassen und gab dort formvollendete Diners für Familie und Nachbarn. Fontane erwähnt nicht, was es zu essen gab, nur die Weine – und das ist wieder ein Spiel mit farbigen Abbildern, denn von ihrer ausgezeichneten Qualität kann man auf die des Essens schließen: Ungarwein, Ruster Ausbruch, Port, Liebfrauenmilch. Aber Tante Amélie ist eine Vitzewitz, und deshalb schließt ihr Diner so, wie es auch in Hohen-Vietz üblich ist, mit einer Schale voll Äpfeln.

Der Weihnachtsimbiß bei Dr. Faulstich in Kirch-Göritz

Das letzte Weihnachtsessen in Fontanes Roman *Vor dem Sturm* ist ein bürgerlicher Imbiß in einer Provinzstadt. Lewin von Vitzewitz und sein Jugendfreund Pertubal von Ladalinski besuchen Dr. Faulstich, den Lehrer in Kirch-Göritz. Ein alter Mann, der *»in nichts zu Hause ist, als in seinen Büchern«*, gleichgültig gegenüber allen Äußerlichkeiten. Die Witwe, bei der er in Untermiete lebt, läßt sich gerade noch dazu herab, seine Wünsche zu erfüllen, wenn auch widerwillig.

»›Ich möchte Sie bitten, Frau Griepe, uns etwas Obst zu bringen, Hasenköpfe, Reinetten. Auch Brot und Butter.‹

›Gleich?‹

›Ich bitte darum. Die Herren kommen von Hohen-Vietz.‹

... Damit trat er an einen Wandschrank heran und kam mit einem ganzen Arm voll Sachen, die sich unschwer als Ziebinger Weihnachtsreste erkennen ließen, an den Tisch zurück. Es waren Gewürzkuchen, Marzipan und eine langhalsige Flasche Maraschino in Originalverpackung. Auch ein paar Spitzgläser brachte er herbei.«

Ebenso einfach ist das, was im *Stechlin* Pastor Lorenzen seinen Besuchern anbietet: Es *»erschien Frau Kulicke ... und brachte den Rotwein und ein Kabarett mit Brötchen. In dünn geschliffene große Gläser schenkte Lorenzen ein ...«*

Aber gut muß der Rotwein gewesen sein, denn im vorigen Jahrhundert waren die Pastoren und die Lehrer mit kleinen, aber ausgesuchten Bestellungen die treuesten Kunden der hanseatischen Weinhändler, die sie einmal im Jahr besuchten und die ihre Bestellungen aufnahmen.

Nichts hat in der deutschen Küche eine so lange Vergangenheit wie das Gebäck, das zwischen Weihnachten und Neujahr auf den

Teller kommt. Das fängt mit den goldenen Nüssen an, die Lewin von Vitzewitz von der Tanne nimmt und zu den Äpfeln ißt: Nuß und Mandelkern zeigen, wie fest verschlossen die Zukunft vor uns liegt, und wenn die Nüsse vergoldet am Christbaum hängen, so sind sie nicht nur so kostbar wie die Gaben der Heiligen Drei Könige, sie zeigen vor allem, daß das Leben zwei Seiten hat: eine so strahlend wie Gottes Gnade und eine so dunkel und unbekannt wie der Tod.

Die Gewürzkuchen erzählen zwei oder drei Geschichten, falls man den Zucker und das Gewürz als Zeichen der reichen Gnade des Himmelsvaters mitrechnet. Gewürze und Pfeffer, noch auf Segelschiffen aus dem Fernen Osten und den Gewürzinseln gebracht, waren als Zutaten für das Christgebäck gerade kostbar genug. Die flache Form dieser Gewürzkuchen ging der Legende nach auf die Hirten auf dem Felde zurück. Sie hatten nämlich ihre Teigfladen gerade auf heiße Steine in der Glut gelegt, als ihnen der Engel erschien. Sie gingen durch die Nacht zur Krippe und vergaßen darüber ihr Brot. Doch als sie in der Morgendämmerung zu ihren Herden heimkehrten, waren die Brotfladen nicht verbrannt, und die Glut war nicht erloschen: Ein duftendes Gebäck erwartete sie. Zur Erinnerung an dieses Wunder backt man bis zum heutigen Tag flache, köstliche Honig-, Gewürz- und Pfefferkuchen.

Gewürzkuchen

500 g Mehl
200 g Butter
2 Tassen Zucker
1 1/2 Tassen Milch
3 Eier
1 Beutel Backpulver
1 Prise Salz
je 1 TL gemahlener Ingwer und Zimt
je 1/2 TL gemahlene Muskatnuß und Nelken
250 g Puderzucker
Saft von 1/2 Zitrone

Aus Butter, Zucker, Eiern, Mehl und Milch mit dem Handrührgerät oder in der Küchenmaschine einen Rührteig arbeiten, Backpulver mit einem Löffel Mehl und den gemahlenen Gewürzen verrühren und zum Schluß dazugeben. Ein Backblech mit Backtrennpapier auslegen, den Teig auf das Papier löffeln und mit dem Teigschaber gleichmäßig verteilen. Das Blech in den auf 180°C vorgeheizten Backofen schieben und 20–30 Minuten backen. Den Kuchen abkühlen lassen, Puderzucker mit so viel Zitronensaft verrühren, daß eine cremige Glasur entsteht, diese auf den Kuchen gießen und gleichmäßig verteilen. Wenn die Glasur erstarrt ist, den Gewürzkuchen in längliche Streifen schneiden.

Das Winterfest im Kloster Lehnin

Ein großes Fest schildert Fontane zum Abschluß des Romans *Vor dem Sturm*, eine winterliche Kavalkade von mehreren Schlitten von Berlin nach Lehnin, zum Kloster, wo *»die meisten Askanier und auch einige von den Hohenzollern begraben sind ...«* Eine Fahrt also zu den Wurzeln des Patriotismus, so etwas wie eine nationale Beschwörung kurz vor dem Ausfall auf die Frankfurter Garnison, gegen Napoleon.

Der Schauplatz: *»Ein langes, halb aus Felsstein, halb aus Backstein aufgemauertes Gebäude ...: das alte Refektorium.«* Eine *»hohe, halb zerstörte Halle, die nur an ihrem unteren Ende noch ein schützendes Dach hatte. Unter dieser geschützten Stelle war eine lange Tafel gedeckt, an deren einer Schmalseite ... ein mächtiges Kaminfeuer brannte, während an den zwei Langseiten hin sechs in Helm- und Brustharnisch gekleidete Klosterknechte standen, alle mit Fackeln in der Hand ... Die Plätze waren gelegt.«* Die Mönche füllten *»die Humpen mit Werder'schem Bier«* und begannen, *»den Wildschweinskopf und dann den Hirschrücken umherzureichen«*, Symbole der askanischen Ahnen und der ritterlichen Jagd vor einer Kulisse, wie sie Caspar David Friedrich gerade für seine Gemälde suchte. Später schenkten sie *»den goldenschimmernden Rheinwein in die grünen Römer«*.

Der Wildschweinskopf ist ein Zitat der ältesten Zeiten. Der Eber war das Tier des Germanengottes Freyr. Ihm wurde der Eber bei den winterlichen Sonnwendfesten geopfert, ihm zur Erinnerung ist der Eberkopf bei den mittelalterlichen Weihnachtsfesten um die gedeckte Tafel getragen worden, und ihm verdanken wir noch in unserer fast nachchristlichen Zeit die Sitte, Weihnachten einen Schinkenbraten auf den Tisch zu bringen. Und der Hirsch gehörte ebenfalls in die Zeit der Wilden Jagd zwischen Weihnachten und Dreikönige – als Dank- und Beschwörungsgeschenk an die Unsichtbaren. Sicher hat man 1812 den Kopf des Ebers wie

Eduard Gaertner, *Klosterruine Lehnin*. 1858

einen Kalbskopf aus dem Fell geschlagen, zerhauen und gekocht und wahrscheinlich zu Wildschweinsülze verarbeitet. In Auguste Wilhelmine Fontanes Kochbuch *Wie man in Berlin zur Zeit der Königin Luise kochte*, einer Sammlung von Rezepten, die Fontanes Großmutter ihr ganzes Hausfrauenleben lang notiert hat und die Fontanes Cousinen, Jenny Sommerfeldt und Elise Weber, also die Enkelinnen, 1903 drucken ließen, findet sich jedoch nur ein Rezept für eine »Wildschweinskopf-Sooße«:

»Man nimmt einige Sardellen, Kapern, Schalotten oder Schnittlauch, hacket dieß ganz klein, drauf werden zwey hartgekochte Eyer-Dotter kleingedrückt und recht klahr daruntergerührt, drauf nimmt man Senf, Provencer-Öhl, Fleisch-Brühe, Essig und etwas Zucker, und dies wird alles klahr gerührt, so ist sie fertig. Diese Sooße schmecket auch sehr gut zu einem kalten Schweinsschinken.«

Wir haben im folgenden Rezept den Eberkopf durch einen Frischlingsrücken ersetzt, der gut zum Hirschrücken paßt.

Frischlingsbraten
1 Stück Frischlingsrücken von mindestens 1 kg
Zitronensaft
Salz
frisch gemahlener weißer Pfeffer
gemahlenes Rosmarin
Öl
Speckwürfel
1–2 Glas Weißwein
450 g Pilze, Champignons oder Steinpilze
3 EL Butter
2 Zwiebeln
Salz und Pfeffer
1 Becher Sahne
1 Eidotter
Dazu: Rosenkohl oder Rotkraut, Reis oder Kartoffelpüree,
Pilzsauce oder Hagebuttenmus

Den Frischlingsrücken bratfertig vorbereiten. In der Bratreine Speckwürfel auf dem Herd und auf starker Hitze anbraten, das Rückenstück mit der Fleischseite darin anbraten. Das Fleisch umdrehen, mit Pfeffer und Rosmarin bepudern, mit Öl beträufeln, die Reine in den auf 200°C vorgeheizten Ofen schieben und ein Glas Weißwein hineingießen. Nach etwa 15 Minuten die Hitze auf 180°C herunterschalten und den Braten 90 Minuten braten oder bis das Fleischthermometer 80°C Kerntemperatur anzeigt. Unterdessen die Pilze putzen und in Scheiben schneiden, mit etwas Zitronensaft beträufeln. In einer Kasserolle die feingewürfelten Zwiebeln in der heißen Butter andünsten, bis sie glasig werden, mit Salz und Pfeffer würzen und die zerkleinerten Pilze dazugeben. Alles einmal durchschmoren, dann den Bratfond dazugießen und die Hälfte der Sahne. Kräftig durchkochen, dann die restliche Sahne mit dem Eidotter verquirlen und zur Sauce geben. Die Sauce abschmecken und nicht mehr weiterkochen lassen.
Das Frischlingsfleisch genau wie den Hirsch vom Knochen lösen, in Scheiben schneiden, wieder auf die Knochen setzen und so servieren.
Die Beilagen: Rosenkohl oder Rotkraut, Reis oder Kartoffelpüree, die Pilzsauce oder Hagebuttenmus.

Hirschbraten
1 Stück Hirschrücken von mindestens 1 kg
2–3 EL Öl
6–8 schwarze Pfefferkörner
4 Wacholderbeeren
1 Nelke, 1 Lorbeerblatt
2 EL Öl
Salz
6 Scheiben weißer Speck
Dazu: Kartoffeln oder Kartoffelnudeln, Apfelscheiben oder Maronen, Pilze und dick eingekochte Kronsbeeren

Den bratfertigen Rücken etwas einölen. Die Gewürze in einem Mörser fein zerstoßen und auf den geölten Rücken streuen, mit dem restlichen Öl einreiben. Eine Scheibe Speck so auf die andere auf den Hirschrücken legen, daß sie etwas überlappen. In den auf 200°C vorgeheizten Ofen, untere Schiene, schieben, die Hitze nach 10 Minuten auf 180°C herunterschalten und weitere 30 Minuten braten. Wer es genauer wissen will, sticht das Fleischthermometer zwischen Fleisch und Rückgrat. Wenn es auf 80°C steht, hat der Braten den richtigen Zustand erreicht. Aus der Reine nehmen, in Aluminiumfolie wickeln, in den ausgeschalteten und offenen Ofen legen, damit sich der Saft verteilt. Aus dem Fond eine beliebige Sauce kochen, dann das Fleisch mit einem scharfen Messer vom Knochen lösen, in Scheiben schneiden und wieder auf den Knochen setzen. So auf einer vorgewärmten Platte auftragen und mit Kartoffeln oder Kartoffelnudeln, geschmorten Apfelscheiben oder Maronen, Pilzen und dick eingekochten Kronsbeeren servieren.

Das Gefängnisessen auf der Festung Küstrin

Der Husarenstreich gegen die Franzosen in *Vor dem Sturm* mißlingt und kostet dem jungen Ladalinski das Leben. Lewin von Vitzewitz bekommt in der Gefangenschaft als Nachtessen *»eine Suppe aus Brotrinden und Hagebutten gekocht«*. Und der alte Kastellan sagt dazu: *»Nun, Junkerchen, da haben Sie was Warmes. Das Brot, das haben die Franzosen gebacken, aber die Hagebutten, die sind aus Markgraf Hansen seinen Küchengarten, und meine Lene, was meine Jüngste ist, die hat sie selber gepflückt. Es war ein rechtes Hagebuttenjahr ...«* In der Früh bringt der französische Bewacher dem Gefangenen sein Frühstück in einem Deckelkorb: Schwarzbrot, ein paar frisch gebackene Semmeln und *»Un bon café«*, einen guten Kaffee, einen Zichorienkaffee. *»Mais qu'importe!«* Aber was spielt das für eine Rolle, *»c'est un café allemand«*.

Nein, die Gefangenenkost ist nicht das Ende der Geschichte, die Fontane in seinem Roman *Vor dem Sturm* erzählt. Vom Essen bei der Hochzeit von Lewin und Marie erfährt der Leser nichts. Es bewegt sich also im Rahmen der vitzewitzschen bedürfnislosen Tradition. Nach der Trauung von Marie und Lewin gibt es lediglich *»einen Imbiß«*, und zum Schluß trinken die Bauern nach der Beerdigung des alten Grafen einen Wein.

Hagebuttensuppe
500 g Hagebutten, geputzt
250 g Zucker
die abgeschnittene Schale
von 1 Zitrone
½ l Weißwein
1 Messerspitze gemahlenen
Zimt

Die Hagebuttensuppe wurde nach dem Rezept von Fontanes Großmutter so zubereitet: »Es werden trockne Hanbutten, auf 12 Personen ohngefähr 1 und ein halb Pfund, mit Wasser in einem 3 quart-Topf beigesetzt, ein Stück Zimmt und von einer Zitrone die Schaale hinzugethan. Sobald die Hanbutten so weich gekocht, daß sie sich durchrühren lassen, werden sie durch ein enges Haartuch gestrichen, nach Belieben Zucker dazu gethan, mit 2 quart Wein noch einmal aufgekocht und mit großen Semmelscheiben heiß zur Tafel gegeben.«
Es empfiehlt sich jedoch, die Hagebutten vorm Kochen mit einem scharfen Küchenmesser zu halbieren und die haarigen Kerne herauszukratzen. Dann füllt man sie in eine Schüssel mit 1 Teil Zucker auf 2 Teile Hagebutten und läßt sie über Nacht ziehen, kocht sie dann mit 1 Zitronenkringel und Wein weich und streicht sie durch ein Sieb. Die ledrige Pelle, die im Sieb bleibt, wirft man weg.

Das Diner in den »Herbst- und Ebereschentagen« beim alten Stechlin

Der Stechlin spielt ein dreiviertel Jahrhundert später als *Vor dem Sturm* in der Grafschaft Ruppin – zur gleichen Zeit, in der Fontane seine großen Romane schrieb, die seit den *Wanderungen durch die Mark Brandenburg* als Entwürfe und Gedankenspiele in seinen Schubfächern im Arbeitszimmer in der Potsdamer Straße gelegen und gewartet hatten.

Aus dem preußischen König war unterdessen der König von Preußen und deutsche Kaiser und aus Berlin die Reichshauptstadt geworden. Vieles hatte sich in diesen Jahrzehnten geändert, aber auf dem Lande war noch viel mehr gleich geblieben. Der Adel lebte in Häusern, die nicht sonderlich prachtvoll, aber groß und oft gemütlich waren, in denen der Hausrat der einen zur anderen Generation kam und alle Generationen am gleichen Tisch saßen und ihre Mahlzeiten einnahmen und ihre Feste genauso feierten wie die vorangegangenen. Vielleicht hatte ein General wie der alte Blücher nach dem Befreiungskrieg »ein niedliches Service à 40 Personen« aus Paris heimschicken lassen, vielleicht hatte eine Braut aus den Königreichen Sachsen oder Dänemark ein geblümtes Meißen-Porzellan oder die Flora Danica mitgebracht, sicher ein paar Dutzend Aussteuerservietten und Tischtücher oder leinene Handtücher, die die alten zerschlissenen aus der vorvorigen Generation ersetzen konnten. Mehr war nicht nötig.

Den Adel charakterisierte die Tatsache, daß er sich keine Möbel kaufen mußte. Man saß in der Kirche im selben Patronatsgestühl wie immer, und die Mamsell holte das Porzellan oder die Tischwäsche aus großen Schränken, die ebenso lange in der Halle vorm Speisesaal oder in den Wirtschaftsräumen standen und gestanden hatten, wie es das Schloß gab.

Und bei den Diners und Familienfesten erschien wie eh und je eine einfache und immer wiederkehrende Speisenfolge: Suppe, Fisch, Braten und Nachtisch. Die Suppe wurde in einer Terrine in den Speisesaal gebracht und entweder auf die Anrichte oder vor die Hausfrau gesetzt. Der Fisch stammte immer aus eigenen Gewässern, der Braten von der eigenen Weide oder aus den Wäldern, und der Nachtisch ergab sich aus den Vorräten des Gartens oder der Milchkammer. Und dazu? »*Das nationale Getränk der Norddeutschen*« war laut Fontane »*Rheinwein und Mosel*«.

Man brauchte nicht mehr wie beim Winterfest im Kloster Lehnin den Wildschweinskopf auftragen zu lassen, um das Nationalgefühl zu stärken. Man brauchte nicht mehr neben der Gruft der sagenhaften Fürsten der Frühzeit, der Askanier, einheimisches Bier zu schlürfen, um sich so stark zu fühlen wie jene alten Recken. Diese Zeiten waren vorbei. Es war den Fürsten der Neuzeit zwar nicht gelungen, ihre Eigensucht zu unterdrücken und gemeinsam einen Nationalstaat zu gründen, wie es in Italien möglich gewesen war, dennoch hatte der deutsche Fürstenbund mit dem einen von ihnen gewählten deutschen Kaiser etwas Erhebendes, und ein Hauch von reichem kaiserlichem Prunk verlieh dem Diner bei Dubslav Stechlin in den »*Herbst- und Ebereschentagen*« und dem bei seiner Schwester, der Domina im Kloster Wutz, eine gemessene Eleganz.

Die Choreographie des Diners war zeitlos. Damals in den ruhigen und allmählich wohlhabenderen Tagen entworfen, ist sie noch heute gültig: Stechlins Gäste versammelten sich im Salon und wurden in behaglicher Atmosphäre einander vorgestellt. Um neunzehn Uhr wurde zu Tisch geführt, das heißt, jeder Herr reichte auf Angabe des Hausherrn einer Dame den Arm, so wie Dubslav Stechlin »*eben jetzt den Arm der Frau von Gundermann nahm und dadurch das Zeichen zum Aufbruch zu der im Nebenzimmer gedeckten Tafel gab. Alle folgten paarweise, wie sie sich vorher zu-*

sammengefunden, kamen aber durch die von seiten Dubslavs schon vorher festgesetzte Tafelordnung wieder auseinander. Die beiden Stechlins, Vater und Sohn, plazierten sich an den beiden Schmalseiten einander gegenüber … Neben einem großen alten Eichenbüfett, ganz in der Nähe der Tür, standen Engelke und Martin, Engelke in seiner sandfarbenen Livree mit den großen Knöpfen, Martin, dem nur oblag, mit der Küche Verbindung zu halten, einfach in schwarzem Rock und Stulpstiefeln.«

Das Menü: Suppe, Fisch und Krammetsvögel.

»›*Engelke,* (sagte der Hausherr) *präsentiere der gnädigen Frau den Fisch noch mal. Und vielleicht nimmt auch Herr von Czako …*‹

›*Was mich aber*‹, *fuhr dieser, sich an Dubslav wendend, fort,* ›*an diesem Karpfen noch ganz besonders fesselt – beiläufig ein Prachtexemplar –, das ist das, daß er doch höchstwahrscheinlich aus Ihrem berühmten See stammt … Dieser merkwürdige See, dieser Stechlin!*‹«

Der Höhepunkt dieses einfachen Menüs, das ganz und gar aus Eigenem bestand, sind die Wacholderdrosseln, auch Krammetsvögel genannt.

»Das Mahl war inzwischen vorgeschritten und bei einem Gange angelangt, der eine Spezialität von Schloß Stechlin war und jedesmal die Bewunderung seiner Gäste bildete: losgelöste Krammetsvögelbrüste, mit einer dunkeln Kraftbrühe angerichtet, die, wenn die Herbst- und Ebereschentage da waren, als eine höhere Form von Schwarzsauer auf den Tisch zu kommen pflegten. Engelke präsentierte Burgunder dazu …«

Kein Herbstmenü auf den Gütern und Schlössern ohne Wild, aber nun eben kein grobes Wildschwein mehr, auch kein ganzer Hirschsattel, sondern Wildgeflügel. Krammetsvögel bei Stechlin, Rebhuhn bei der Domina.

Die herbstlichen Jagden gehörten zur gesellschaftlichen Saison, und sie waren noch kein Sport, sondern dienten der Fleischversorgung nicht nur der Herrschaftsküche, sondern des ganzen

Gutsbetriebes. Die Jagdbeute bestimmte deshalb den Speisezettel – beim »Krautjunker« in der Provinz noch mehr als bei Hof. So gab es Wild, wenn Wild geschossen worden war, und auch in *Quitt* zieht die Mutter Menz dem Hasen das Fell über die Ohren, den ihr Sohn von seinen Wildererzügen heimgebracht hat.

Wie man Wild- und Wildgeflügel aus Fell und Federkleid schlägt, stand erst in städtischen Kochbüchern, als man die Ente oder den Rehschlegel beim Wildbrethändler kaufen mußte. Von Sophie von Poggenpuhl vermerkte Fontane eigens, um ihre Patentheit zu illustrieren: Sie *»konnte einen Hasen spicken«*.

Wie reich das Angebot allein an Wildgeflügel noch war, zeigt das Register des *Guide culinaire* von Alexandre Escoffier aus Fontanes Todesjahr: Da liest man unter »Federwild«: Amsel, Beguinette, Birkhahn, Fasan, Feigendrossel, Feldhuhn, Fettammer, Haselhuhn, Kiebitz, Krammetsvogel, Lerche, Ortolan, Präriehuhn, Rebhuhn, Regenpfeifer, Wald- und Sumpfschnepfe, Stein- und Steppenhuhn, Wachtel und Wachtelkönig, Waldhuhn, Wiesenschnarrer, Wildente und Zwergtrappe.

Die Krammetsvögel nun, die Wacholderdrosseln, gehörten zum Angebot der »Gesellschaftsessen«. Als Hauptgericht schlug die damals maßgebliche Kochbuchautorin Henriette Davidis vor: vier Stück für die Herren, zwei für die Damen.

Karpfen blau
1 ganzer Karpfen,
etwa 1000–1500 g
1 TL Salz
1 Prise Pfeffer
½ Tasse Weinessig
Dazu: Salzkartoffeln,
zerlassene Butter,
evtl. Sahnemeerrettich

Der kochfertige Karpfen wird, wenn nötig, vorsichtig gewaschen und innen und außen gewürzt. Dann setzt man ihn auf eine große Platte und begießt ihn mit einer halben Tasse warmem Essig. Jetzt wird der blaue Karpfen vorsichtig auf den Drahteinsatz des Fischtopfs transportiert und in den Fischtopf gesenkt, in dem das Salzwasser (2 Tassen) leise kocht. Der Karpfen wird nun noch einmal mit dem Essig aus der Schüssel begossen, das Wasser wird zum Kochen gebracht, der Topf geschlossen, und der Karpfen soll eine gute halbe Stunde im Dampfe garen. Den richtigen Zeitpunkt erkennt man daran, daß die Augen des Fisches so weiß wie ein gekochtes Ei geworden sind und sich mit der Gabel leicht herauslösen lassen. Dann hebt man den Karpfen wieder aus seinem Dampfbad, befördert ihn auf die Anrichteplatte und trägt ihn im Triumph auf.
Zum Karpfen gibt es Salzkartoffeln, zerlassene Butter oder beides, zerlassene Butter und Sahnemeerrettich.

Krammetsvögel in Madeira-Sauce

»Die Vögel werden gerupft, ausgenommen und gesengt, mit Salz bestreut und in einer Kasserolle mit reichlich Butter und 2 in Scheiben geschnittenen Trüffeln eine knappe halbe Stunde gedünstet, worauf man eine Kelle voll brauner Kraft-Sauce und ein kleines Glas Madeira hinzuschüttet, die Krammetsvögel noch eine kurze Zeit darin dämpfen läßt und dann mit der Sauce aufgibt.«

So hat man früher die Rotdrossel oder Wacholderdrossel, wie der Vogel eigentlich heißt, zubereitet, doch da man heute keine Krammetsvögel mehr kaufen oder sich schießen lassen kann, ersetzt man sie durch Perlhühner oder verwendet das ausgelöste Brustfleisch junger Fasane. Sie brauchen nur in Butter angebraten zu werden, und man kann sie ganz nach alter Art mit einer Tasse braunem Fond und einem kleinen Glas Madeira zubereiten.

Die Kraft-Sauce stellt man her, indem man die abgelösten Schenkel und Flügel, das restliche Fleisch und die zerschlagenen Knochen des Vogels mit einer halbierten Zwiebel, einer Mohrrübe und einem Stück Sellerie in einen Topf füllt, mit Wasser auffüllt, so daß alles bedeckt ist, mit Salz, Pfeffer und Rosmarin würzt und alles etwa eine Stunde kochen läßt.

Die Brühe abgießen, in den Topf zurückgeben und mindestens um die Hälfte einkochen lassen. Das Fleisch von den Knochen lösen, im Mixer zerkleinern und mit so viel der reduzierten Wildbrühe verlängern, daß eine sämige Sauce entsteht. Diese mit Madeira gut abschmecken und warm halten, bis die falschen Krammetsvogelbrüste gebraten sind. Dann diese in der Kraft-Sauce servieren.

Nach den Krammetsvögeln und dem Nachtisch ging man bei Stechlin dem Likörkasten zu Leibe. Das waren Digestifs, die meist in schöne Kristallkaraffen umgefüllt und in einen verschließbaren Kasten oder in ein Silbertablett mit hohem Rand gestellt wurden.

Dubslav hatte sich in eine Ecke zurückgezogen, »*wo eine altmodische Causeuse stand, mit einem Marmortischchen davor. Auf dem Tische zwei Kaffeetassen samt aufgeklapptem Likörkasten, aus dem Dubslav eine Flasche nach der andern herausnahm. ›Jetzt, wenn man vom Tisch kommt, muß es immer ein Cognac sein. Aber ich bekenne Ihnen, lieber Hauptmann, ich mache die Mode nicht mit; wir aus der alten Zeit, wir waren immer ein bißchen fürs Süße. Creme de Cacao, na, natürlich, das is Damenschnaps, davon kann keine Rede sein; aber Pomeranzen oder, wie sie jetzt sagen, Curaçao, das ist mein Fall. Darf ich Ihnen einschenken? Oder vielleicht lieber Danziger Goldwasser? Kann ich übrigens auch empfehlen.*‹«

Das Diner bei der Domina im Kloster Wutz

Das Diner bei der Schwester von Dubslav Stechlin, der Tante Adelheid, Domina im Kloster Wutz, folgt demselben Schema und enthält ebenso das, was die einheimischen Weiden und Wälder hergaben:

Der Diener *»hatte sich inzwischen am Büfett in Front einer Meißner Suppenterrine aufgestellt, und indem er den Deckel (mit einem abgestoßenen Engel obenauf) abnahm, stieg der Wrasen wie Opferrauch in die Höhe …*

An die Suppe hatte sich ein Fisch und an diesen ein Linsenpüree mit gebackenem Schinken gereiht, und nun wurden gespickte Rebhuhnflügel in einer pikanten Sauce, die zugleich Küchengeheimnis der Domina war, herumgereicht.

… Nachdem der Diener allerlei kleine Spitzgläser (mit Wein) *herumgereicht hatte …«*, hob die Domina die Tafel auf und sagte: *»›… so geb ich anheim, ob wir den Kaffee lieber in meinem Zimmer nehmen wollen oder draußen unter dem Holunderbaum.‹*

Es war derselbe Baum, den die Herren schon beim Einreiten in den Klosterhof gesehen, aber in jenem Augenblick wenig beachtet hatten. Jetzt erst bemerkten sie, was es mit ihm auf sich habe. Der Baum, der uralt sein mochte, stand außerhalb des Gehöftes, war aber, ähnlich wie der Pflaumenbaum im Garten, mit feinem Gezweig über das zerbröckelte Gemäuer fortgewachsen. Er war an und für sich schon eine Pracht. Was ihm aber noch eine besondere Schönheit lieh, das war, daß sein Laubendach von ein paar dahinter stehenden Ebereschenbäumen wie durchwachsen war, so daß man überall neben den schwarzen Fruchtdolben des Holunders die leuchtenden roten Ebereschenbüschel sah. Auch das verschiedene Laub schattierte sich. Rex und Czako waren aufrichtig entzückt, beinahe mehr als zulässig. Denn so reizend die Laube selbst war, so zweifelhaft war das unmittelbar vor ihnen in gro-

ßer Unordnung und durchaus ermangelnder Sauberkeit ausgebreitete Hofbild. Aber pittoresk blieb es doch. Zusammengemörtelte Feldsteinklumpen lagen in hohem Grase, dazwischen Karren und Düngerwagen, Enten- und Hühnerkörbe, während ein kollernder Truthahn von Zeit zu Zeit bis dicht an die Laube herankam …«

Der gebackene Schinken ist ein Stück aus der Schweinekeule, sanft rosa gepökelt, und wird im Teig, meist im Weißbrotteig, gebacken. Dieser Teig wird jedoch nicht mitgegessen, und damit er nicht zu viel von dem köstlichen Saft schluckte, wurde der Schinken vorm Einwickeln nie seiner Schwarte beraubt – das geschah erst beim Tranchieren. Denn diese Brothülle sollte das zarte und köstliche, aber teure Festtags- und Sonntagsstück vom Schwein einzig und allein davor schützen, im Bratrohr des Holz- oder Kohleherdes durch einen plötzlichen Hitzeanstieg beim Nachfeuern zu schwarz zu werden oder gar in der trockenen Hitze bei der relativ langen Bratdauer auszudörren.
Dieses Rezept zeigt also, wie sich die Köche zu helfen wußten. Heute packt man das gut gewürzte Schinkenstück – nicht leichter als 500 g, sonst lohnt sich der ganze Aufwand nicht, und sonst trocknet das Fleisch trotzdem aus – in Alufolie und gart es im Ofen. Oder man brät es in der Bratfolie.

Schinken oder Kaßler im Teig

1 1/2 kg gepökelter Schinken oder Kaßler Rückenfleisch
Zwiebeln
Mohrrüben
Sellerie
Pfefferkörner
2 Lorbeerblätter

Man kocht 1 1/2 kg gepökelten Schinken oder Kaßler Rückenfleisch 60 Minuten leise mit Zwiebeln, Mohrrüben und Sellerie, Pfefferkörnern und zwei Lorbeerblättern in einem so großen Topf, daß er das Fleisch gerade faßt, und in so viel Wasser, daß Fleisch und grob gewürfeltes Würzgemüse gerade bedeckt sind. Nicht salzen, weil das Fleisch genügend Pökelsalz enthält. Oder man gart das Fleisch 30 Minuten mit den gleichen Gemüsen im Dampfkochtopf. In dieser Zeit wird der Teig zubereitet.

Hefeteig
200 g Mehl
200 g Milchpulver
20 g Hefe
Salz, getrocknetes Rosmarin
Currypulver oder
gemahlene Nelken
1 Ei

Aus 200 g Mehl und 200 g Milchpulver, 20 g Hefe, Salz und etwa 1/4 l Wasser einen Hefeteig zubereiten, einmal gehen lassen, ausrollen, das gekochte und abgetropfte Kaßlerfleisch würzen, also entweder mit fein gemahlenem getrockneten Rosmarin, mit Currypulver oder mit gemahlenen Nelken bestreuen und in den Teig wickeln. Ein Ei mit der Gabel zerschlagen, den Teig damit bestreichen und den Wickelbraten etwa 30 Minuten bei 180°C braten. Diese Hülle kann man mitessen. Man kann auch einen geräucherten Schinken darin einschlagen.

Linsenpüree
250 g kleine Linsen
Gemüsebrühe
1 Prise Pfeffer und 1/2 TL Salz
20 g Butter
1 Zwiebel
evtl. Bratensauce

Man kocht 250 g feine, kleine Linsen in Salzwasser oder Gemüsebrühe 20–30 Minuten, dabei quellen die Linsen, die Pelle platzt, so daß man die abgegossenen Linsen leicht durch ein Sieb reiben kann. Wer den Linsengeschmack pur liebt, würzt das Püree nur mit Pfeffer und Salz, verrührt es mit einem Stück Butter und krönt es höchstens mit 2–3 kroß gebratenen Zwiebelringen. Andere lieben es, dieses Püree mit etwas Bratensauce zu verrühren und kräftig zu würzen.

Gespickte Rebhuhnflügel
Pro Person: 1 Rebhuhn
Spickspeck und
100 g Räucherspeckscheiben
Portwein oder Cognac
50 g Butter
1 TL Salz und 1 Prise Pfeffer
3–5 Salbeiblätter
Dazu: Kartoffelpüree
und Kastanienpüree oder
Wirsinggemüse

Dazu werden die Bruststücke samt Flügeln mit einem runden Schnitt, der bis zum Brustbein des Vogels führt, vom Knochen gelöst, und man schneidet gern das Fleisch vom Flügel so vom Ende des Flügelknochens ab, daß man es zur Brust hin schieben kann. So entsteht ein geschlossenes Stück, und es trocknet nichts beim Braten aus.
Diese kleinen Stücke spickt man am besten, indem man ihnen den Spickspeck unter die Haut schiebt: Weißen Speck kurz ins Tiefkühlfach legen, damit er sich besser in dünne Streifen schneiden läßt. Diese über Nacht in Portwein oder Cognac marinieren und je 3 oder 4 mit Hilfe eines spitzen Küchenmessers von der Brustseite her unter die Pelle schieben. Dann werden die Bruststücke geölt, mit der Hautseite nach unten in heißer Butter in der Pfanne rasch angebraten, damit die Pelle braun wird. Mit etwas Salz und Pfeffer bepudern, mit Salbeiblättern belegen und mit dünnen Räucherspeckscheiben zudecken. So in eine kleine ausgefettete flache Bratform legen, in den auf 200°C vorgeheizten Ofen schieben, mittlere Schiene, und etwa 15 Minuten braten. Diese gespickten Rebhuhnflügel schmecken besonders gut zu Kartoffelpüree und Kastanienpüree oder Wirsinggemüse, in Butter und Speck gedünstet.

Bei Dubslav Stechlin wird kein Dessert erwähnt, doch bei der Domina gab es Erlesenes: Eis und Konfekt.

Das ist schon etwas mehr als die Äpfel in Guse oder Hohen-Vietz. Doch dem alten Stechlin kommt seine Wirtschaft offenbar selbst in dieser Form ein wenig einfach und altfränkisch vor, denn nach der Verlobung seines Sohnes mit der Tochter des Grafen von Barby, vor dessen Weltbürgertum selbst Berlin wie ein Provinznest wirkt, grübelt Dubslav, wen er bloß zum Hochzeitsdiner einladen soll: »›*Und dann müssen wir doch auch repräsentieren. Ich muß ihnen doch irgendeinen Menschen vorsetzen. Ja, wen soll ich ihnen vorsetzen? Viel is hier nich. Da hab ich Adelheiden. Natürlich, die muß ich einladen, und sie wird auch kommen, trotzdem Schnee gefallen ist; aber sie kann ja nen Schlitten nehmen. Vielleicht ist ihr Schlitten besser als ihr Wagen. Gott, wenn ich an das Verdeck denke mit der großen Lederflicke, da wird mir auch nicht besser. Und dabei denkt sie, 'sie is was', was am Ende auch wieder gut is, denn wenn der Mensch erst denkt, 'es is gar nichts mit ihm', dann is es auch nichts.*‹

›*Und dann, gnädger Herr, sie is ja doch ne Domina und hat einen Rang. Und ich hab auch mal gelesen, sie sei eigentlich mehr als ein Major.*‹

›*Na, jedenfalls ist sie mehr als ihr Bruder; so'n vergessener Major is ein Jammer. Aber Adelheid selbst, so auf'n ersten Anhieb, is auch bloß so so. Wir müssen jedenfalls noch wen dazu haben. Schlage was vor. Baron Beetz und der alte Zühlen, die die besten sind, die wohnen zu weit ab, und ich weiß nicht, seit wir die Eisenbahnen haben, laufen die Pferde schlechter. Oder es kommt einem auch bloß so vor. Also die guten Nummern fallen aus …*‹«

Das Diner bei Oberförster Ring in Uvagla

Um das Repräsentieren geht es auch beim einzigen Abendessen, das in *Effi Briest* beschrieben wird. Briests besuchen am dritten Weihnachtsfeiertag Nachbarn, den Oberförster Ring in Uvagla bei Kessin, *»ein stattlicher, militärisch dreinschauender Herr von Mitte fünfzig«*, der reich geheiratet hatte und sich mit dem Geld seiner ängstlichen und verschüchterten Ehefrau großtut. Ein wahrer König des Waldes, ein König der Provinz, und die Üppigkeit seiner aufdringlichen Gastlichkeit wirkt gerade deshalb protzig – eine Qual für die Gäste.

»Gleich nach sieben ging man zu Tisch, und alles freute sich, daß der Weihnachtsbaum, eine mit zahllosen Silberkugeln bedeckte Tanne, noch einmal angesteckt wurde. Crampas, der das Ringsche Haus noch nicht kannte, war helle Bewunderung. Der Damast, die Weinkühler, das reiche Silbergeschirr, alles wirkte herrschaftlich, weit über oberförstliche Durchschnittsverhältnisse hinaus, was darin seinen Grund hatte, daß Rings Frau, so scheu und verlegen sie war, aus einem reichen Danziger Kornhändlerhause stammte …

In diesem Augenblicke kam ein englisches Roastbeef … und später die dampfende Punschbowle, dazu Krausgebackenes, das, geschickt übereinandergetürmt, noch weit über die vor einigen Stunden aufgetragene Kaffeekuchenpyramide hinauswuchs.

Und nun trat auch Ring selbst, der sich bis dahin etwas zurückgehalten hatte, mit einer gewissen strahlenden Feierlichkeit in Aktion und begann die vor ihm stehenden Gläser, große geschliffene Römer, in virtuosem Bogensturz zu füllen, ein Einschenkekunststück, das die stets schlagfertige Frau von Padden, die heute leider fehlte, mal als ›Ringsche Füllung en cascade‹ bezeichnet hatte. Rotgolden wölbte sich dabei der Strahl, und kein Tropfen durfte verloren gehen. So war es auch heute wieder. Zuletzt aber, als jeder, was ihm zukam, in Händen hielt – auch

Dora, die sich mittlerweile mit ihrem rotblonden Wellenhaar auf ›Onkel Crampas‹ Schoß gesetzt hatte –, erhob sich der alte Papenhagner, um, wie herkömmlich bei Festlichkeiten der Art, einen Toast auf seinen lieben Oberförster auszubringen ...«

Gebratenes Roastbeef
1 kg ausgelöstes Roastbeef
Öl
getrocknete Kräuter, fein zerrieben: Salbei oder Thymian und Majoran oder eine französische Kräutermischung

Das Roastbeef mit der typischen Fettschicht, die auf keinen Fall abgeschnitten werden darf, vom Schlachter vorbereiten lassen oder selbst vorbereiten: Die Fettschicht mit einem scharfen Messer ziselieren. Das Fleisch dann von allen Seiten mit Öl einreiben und mit getrockneten Kräutern oder mit scharfem Senf bepudern oder einreiben. Den Ofen auf 250°C vorheizen, das Roastbeef 10 Minuten bei dieser starken Hitze im Bräter oder auf dem Rost über dem Bräter braten. Die Fettseite liegt oben, so daß das Fleisch in der starken Hitze geschützt ist und sich selbst mit Fett begießt. Das Roastbeef die restlichen 30 Minuten bei 180–200°C braten, dann den Ofen ausschalten und das Roastbeef auf jeden Fall im offenen Bratofen 10–15 Minuten rasten lassen. Man kann es auch in Alufolie einhüllen, so in den offenen, ausgeschalteten Ofen zurücklegen und derweil aus dem Bratfond eine Sauce kochen.

Gemüse
Zum Roastbeef werden sie englisch serviert, das heißt: Die feinen Gemüsesorten, die Saison haben, werden jede für sich in Salzwasser gekocht, abgegossen und in Butter geschwenkt oder zu Ende gar gedünstet. Zarte Gemüse werden direkt in Butter gedünstet. Man kann sie nach Belieben mit einer holländischen Sauce oder einer Kräutersauce servieren.

Das Rezept zum Krausgebackenen siehe Seite 150

Franz Skarbina, *Weihnachtszimmer*. 1892

Schlachten und Backen – Weihnachten bei Familie Fontane

Das Schlachten und Backen bildete die Basis der Weihnachtsvorbereitungen auf dem Lande, die Fontane ausführlich in *Meine Kinderjahre* beschreibt. Es ist ein wahres Urbild der vorweihnachtlichen Geschäftigkeit, die damals noch sinnvoll und notwendig war, aber trotzdem zuviel war für das Kind, das sich vor dem vielfachen Gänsemord mit getragener Volksliedbegleitung fürchtete. Und zuviel für den Vater, der sich – wie viele Väter bis zum heutigen Tage – vor dieser Geschäftigkeit drückte.

»Das gesellschaftliche Leben ruhte während dieser Spätherbsttage; man erholte sich von den Strapazen der Sommersaison und stärkte sich für die Wintergesellschaften. Aber ehe diese kamen, war noch ein mehrwöchiges Interregnum durchzumachen, die Schlacht- und Backzeit, die letztere schon mit der Weihnachtszeit zusammenfallend.

Mit dem Gänseschlachten fing es an. Eine reguläre Wirtschaftsführung ohne Gänseschlachten konnte nicht wohl gedacht werden. Es handelte sich dabei um mancherlei, zunächst wohl um die Federn zur Herstellung immer neuer Fremdenbetten, vor allem aber auch um die geräucherten Gänsebrüste, die fast so wichtig waren, wie die Schinken und Speckseiten im Rauchfang … Diese Schlachtzeit war nämlich zugleich auch die Zeit, wo das aus Gänseblut zubereitete ›Schwarzsauer‹ tagtäglich auf unseren Tisch kam, ein Gericht, das nach pommerscher Anschauung, alles andere aus dem Felde schlägt … mein Vater … aber suchte sich, gerade so wie wir, das Backobst und die Mandelklöße heraus und überließ die Kraftbrühe der Gesindeschaft draußen … Etwa 14 Tage später folgte dann das Schweineschlachten …« und »die Aussicht auf ›Reiswurst mit Rosinen‹ …

Unter einem glücklicheren Stern stand die Backwoche, wo mit Pfeffer- und Zuckernüssen begonnen und mit Brezeln, Kranz- und Blech-

Max Liebermann, *Die Gänserupferinnen*. 1871/72

kuchen aufgehört wurde. Wir durften nicht nur mit in die Backstube hinein, darin es überaus anheimelnd nach bitteren Mandeln und geriebener Zitrone roch, sondern erhielten auch als Weihnachtsvorgeschmack eigens für uns Kinder gebackene kleine Wecken, alles reichlich zugemessen ... Mir war denn auch, um Weihnachten herum, immer sehr weinerlich zumute.«

Gänse gehören seit langem zum Hausgeflügel, so daß sie wie selbstverständlich in Sagen und Legenden eingegangen sind. Im Norden Deutschlands, wo sie am Bartholomäus-Tag, dem 24. August, auf der Weide gemustert und auf die Stoppelfelder getrieben wurden, damit sie fette Nachlese halten konnten, und an Michaeli, dem 29. September, oder Martini, dem 10. November, geschlachtet wurden, kündigten sie den Winter an.

Zwischen Michaeli und Martini ist deshalb die klassische Zeit der Gänsegerichte: Schwarzsauer und Weißsauer, Gänsekeulen in

Gelee, Pökelfleisch mit Wrucken (Steckrüben), vom Braten, stramm mit Äpfeln und Rosinen gefüllt, von der Leberpastete und vom unverfälschten Gänseschmalz, mit Majoran oder mit Äpfeln und Zwiebeln ausgelassen, ganz zu schweigen.

Weißsauer von Gänsekeulen

»Wenn die langen Knochen von den Gänsekeulen abgehauen sind, werden sie mit einigen klein gehauenen Kälberfüßen in Wasser gekocht, fleißig abgeschäumt, und dann Zwiebeln, Salz und Gewürz angetan, mit welchem sie nicht zu sehr weich kochen müssen. Dann wird das Fett abgenommen, die Brühe durch ein Haarsieb in eine Kasserolle gegossen. Hierauf läßt man sie gut durchkochen und gibt dann noch den Saft einer Zitrone und recht scharfen Weinessig hinzu. Wenn alles recht zusammen gekocht hat, werden die Gänsekeulen und Kälberfüße in einen steinernen Topf getan, die Brühe kochend heiß durch ein Sieb darüber gegossen und zum Erkalten hingestellt. Nachher wird der Topf mit einer Blase fest zugebunden, und so die Keulen zum ferneren Gebrauch aufbewahrt. Man serviert sie in ihrem eigenen Gelee.«

Schwarzsauer von Gänseklein

»Gänseklein – Magen, Flügel, Hals und Füße werden in feine Teile geschnitten, gut gewaschen, mit Petersilienwurzeln, Mohrrüben, einer Zwiebel und Pfefferkörnern weich gekocht. Dann wird das Fleisch von Haut und Knochen befreit, und zur Vermehrung des Gänskleins kann man auch Schweinefleisch daruntemehmen; wenn beides zusammen weich gekocht ist, werden geschälte und in vier Teile geschnittene Birnen genommen und mit der Brühe des Gänsekleins in einer Kasserolle weich und kurz eingekocht. Es können auch kleine Mehlklößchen, in Wasser abgekocht, zu den Birnen gegeben und statt des frischen Obstes Backobst genommen werden. Hernach wird das Blut der Gans durch ein Sieb in einen hohen Topf gegossen, mit gestoßenem Gewürz, Nelken, Zucker, einigen Löffeln Mehl und etwas Weinessig gut durchgequirlt zu den Birnen getan, worin sie unter öfterem Umschwenken etwas einkochen müssen. Dann wird das Fleisch auf die Anrichteschüssel gelegt und die Birnen darüber gegeben.«

(Beide Rezepte aus dem *Berliner Kochbuch* der Marie Schreiber von 1832)

Würste

Nach oft erprobten Familienrezepten wurden nach dem Schlachten zuerst aus den schnell verderblichen Innereien und aus Blut hergestellt: Leberwurst, Hirnwurst, Blutwurst und so weiter. Die Würste wurden entweder sofort, fast direkt aus dem Wurstkessel, zu Meerrettich oder Senf gegessen oder leicht geräuchert, damit sie sich ein paar Wochen hielten.

Eine Blut- oder Rotwurst nach Henriette Davidis, so sparsame Hausfrau, wie man es Mitte des vorigen Jahrhunderts noch allgemein war:

»Rotwurst. Erste Sorte, zum Butterbrot. Man nehme dazu einen Teil des Blutes, reichlich von der besten Sorte des gekochten und feingehackten Schweinefleisches, mageres und fettes, und weichgekochte, feingehackte Schwarten, feingewürfelten Speck, Salz, Pfeffer, Nelken und Nelkenpfeffer. Das Würzen mit Kümmel, Thymian und Majoran bei dieser Sorte, so wie auch bei den übrigen Rotwürsten, richtet sich nach dem persönlichen Geschmack. Dieses alles wird wohlgemischt und in dicke, möglichst glatte Därme gefüllt; zum Ausdehnen der Masse muß reichlich ein zweifingerbreiter Raum leer gelassen werden ...«

Zur *Reiswurst mit Rosinen* wurde abgebrühter Reis mit kräftiger Fleischbrühe oder Wurstbrühe ganz weich und dick gekocht.

»Dann tut man doppelt so viel feines gehacktes gutes Fleisch, etwas Füllfett, eine Handvoll gewaschene gequollene Rosinen, Salz und Muskatnuß hinzu.«

Künste und Kenntnisse dieser Art machten den Beruf der Hausfrau aus und waren so selbstverständlich wie heute das Schreibmaschineschreiben. Wer sie nachahmen will, weckt den Wurstteig einfach ein.

Hefegebäck

Hefeteig, der für die Sonntagsbrote oder die für die Jahreszeit typischen Gebäcke in großen Mengen hergestellt wurde, hatte es in den alten großen Küchen gut, weil er die gleichmäßige Wärme liebt und keinen Zug verträgt. Deshalb bleibt er beim Gehen in seiner großen Schüssel oder Backmulde und wird liebevoll zugedeckt. Das folgende Rezept gibt die moderaten Mengen unseres Jahrhunderts an, die Mengen können jedoch nach Belieben verdoppelt oder verdreifacht werden.

500 g Mehl
40 g Hefe
$^{1}/_{8}$ l Milch
50 g Zucker
1 Prise Salz
2 Eier
100 g Butter
1 EL Rum oder die abgeriebene Schale einer Zitrone oder eine Prise Zimt oder ein Löffel Vanillezucker
1 Tasse gewaschene und in Mehl gewälzte Rosinen oder 50 g gemahlene Mandeln
Sukkade

Das Mehl wird in eine Schüssel gesiebt oder geschüttet, und in der Mitte wird eine Kuhle gemacht. In einer kleinen Schüssel oder Tasse wird die zerbröselte Hefe mit einem Eßlöffel Zucker so lange verrührt, bis die Hefe schmilzt. Dann gibt man etwas warme Milch dazu, gießt diese Hefemischung in die Mehlkuhle und verrührt die Hefemilch mit etwas Mehl zu einem Vorteig. Etwas Mehl darauf streuen, so lange an einem warmen Ort gehen lassen, bis sich der Vorteig etwa verdoppelt hat. Man deckt die Schüssel dabei mit einem sauberen Küchentuch zu und achtet darauf, daß der Teig nicht durch Zugluft erschreckt wird. Der Vorteig braucht je nach Frische der Hefe 20–40 Minuten zum Gehen. Danach wird er zuerst mit einem Holzlöffel mit etwas Milch verrührt und mit den restlichen Zutaten so lange gerührt und geschlagen, bis der Teig Blasen schlägt und sich vom Schüsselrand löst.

Bei üppigen Teigen verrührt man zuerst Fett, Zucker und Eier zu einer glatten Creme und gibt diese zum Vorteig. Wenn der Teig fertig ist, läßt man ihn abermals gehen. Danach gibt man die gröberen Geschmackszutaten wie Rosinen, gemahlene Mandeln oder Sukkade hinzu, knetet den Teig noch einmal durch, formt ihn endgültig und läßt ihn das letzte Mal vor dem Backen gehen.

Mit dem Handrührgerät oder mit der Küchenmaschine kann man den Hefeteig schneller zubereiten. Dazu gibt man lauwarme Milch, zerlassenes Fett, Zucker und Salz und Geschmackszutaten samt Mehl in eine hohe Schüssel oder in die Rührschüssel der Küchenmaschine. Die Hefe wird fein zerbröselt und gleichmäßig auf alles verstreut. Alle Zutaten werden zunächst auf der niedrigen und dann auf der höchsten Schaltstufe des Gerätes mit den Knethaken oder Knetwendeln verarbeitet, bis sich der Teig vom Schüsselrand löst.

Dann werden die groben Zutaten mit der Hand unter den Teig geknetet, und dieser wird wie oben zum Gehen zugedeckt und dann noch einmal durchgeknetet und geformt und abermals gehen gelassen.

Hefekranz
Der Teig wird halbiert und auf dem Backbrett zu zwei Schlangen gerollt, die man geschickt zu einem Kranz verflicht. Der Kranz wird nach dem Gehen in den auf 200°C vorgeheizten Backofen geschoben und ist nach 35–40 Minuten gar.

Hefebrezeln und kleine Wecken
Die Backzeit beträgt etwa 20 Minuten.

Pfeffernüsse
So bezeichnete man zur Zeit von Fontanes Eltern entweder einzelne oder zu größeren viereckigen Tafeln zusammengesetzte Plätzchen (Nüßchen) aus braunem und weißem Pfefferkuchenteig, die sich länger wohlschmeckend erhalten als andere Pfefferkuchen.

Braune Pfeffernüsse
500 g Zuckersirup
200 g Zucker
200 g Butter
1 kg Mehl
30 g Pottasche oder
2 Beutel Backpulver
3 Eier
je 3 g gemahlene Nelken und
gemahlener Kardamom
etwas Milch oder Rum

Sirup, Zucker und Butter werden in einen großen Topf getan, unter ständigem Rühren gekocht, bis sich der Zucker aufgelöst hat, und dann beiseite gestellt. Unterdessen vermengt man das Mehl mit der in etwas Milch oder Rum aufgelösten Pottasche, den gemahlenen Gewürzen und einer Prise Salz, gießt den Zuckersirup und die verquirlten Eier dazu und arbeitet die Masse gut durch, so daß ein fester bräunlicher Teig entsteht. Man rollt ihn zu einer Kugel, bestreut ihn mit Mehl und läßt ihn zugedeckt in der Backschüssel mindestens über Nacht rasten. Dann rollt man den Teig partienweise zu einer kleinfingerdicken Platte aus, sticht kleine dicke runde Plätzchen aus, kann sie auch zu Kügelchen rollen, und setzt sie auf einem mit Backtrennpapier ausgelegten Backblech dicht nebeneinander zu einer großen Tafel zusammen. So werden sie bei 180°C etwa 20 Minuten gebacken.

Weiße Pfeffernüsse oder Zuckernüsse
4 Eier
zusätzlich 4 Dotter
500 g Zucker
250 g geschälte, gemahlene Mandeln
60 g feingewiegtes Zitronat
60 g kandierte Pomeranzenschalen
je 1 TL gemahlener Zimt und
gemahlene Nelken
500 g Mehl

Die Eier und Eidotter werden mit dem Zucker weißschaumig gerührt. Dann gibt man die Mandeln, die Gewürzzutaten und schließlich das Mehl hinzu, arbeitet den Teig gut durch und formt ihn zu Kügelchen. Diese setzt man auf mit Backtrennpapier ausgelegte Bleche und backt sie bei 175°C rund 20 Minuten.
Man kann sie, noch warm, mit Zitronenglasur aus 250 g Puderzucker überziehen.

In der Stadt

Eduard Gaertner, *Das Hôtel de St. Petersbourg Unter den Linden.* 1843

Das leuchtende Vorbild der Hofgesellschaft

Berlin ist eine junge Hauptstadt, eine der jüngsten Europas. Bis zum 12. Jahrhundert war der Ort nur eine Burg, Sitz eines Wendenfürsten. Tempelritter gründeten in der Nachbarschaft Ordenshöfe, und die Askanier erwarben ein Stück Land in der Umgebung. Im 13. Jahrhundert entstand die Doppelsiedlung Berlin-Cölln, wohl von rheinischen Kaufleuten gegründet, die ihrer Niederlassung den Namen der Heimatstadt gaben.

Brandenburg war der bedeutendere Ort in der Mark, und es dauerte lange, bevor auch Berlin-Cölln das Stadtrecht bekam. Doch die Lage war gut, Handelswege schnitten sich, die Flüsse förderten den Schiffsverkehr. Vom 15. Jahrhundert bis 1701 war Berlin, wie es nun hieß, die Residenz der Hohenzollern, die sich Kurfürsten von Brandenburg nannten, und in den folgenden Jahrzehnten der preußischen Könige. Ab 1871 war Berlin die Hauptstadt des Deutschen Reiches.

In der Zeit, die Theodor Fontane in seinen Romanen beschreibt, entfaltete sich Berlin also zur Metropole, zur Hauptstadt eines rasch entstandenen Deutschen Reiches, dessen König sich nach dem Sieg über Frankreich zum Kaiser krönen ließ.

Das war der Weg von relativer Armut zu relativem Reichtum, von karger Schlichtheit zu wilhelminischem Prunk, und die Stadt, die von der nachnapoleonischen bis zur sogenannten Gründerzeit aus allen Nähten platzte, war die Bühne für die Menschen, die Fontane gern nach lebendigen Vorbildern, nach Zeitgenossen, gestaltete.

Eine Stadt im Umbruch

Berlin war zu Beginn des 19. Jahrhunderts eher klein. Wilhelm von Humboldt schrieb im Herbst 1808: »Eine furchtbarere Stadt ist nicht denkbar. Es ist nichts drin zu sehen, und es geschieht nichts drin.« Und als Fontane Berlin 1833 mit 14 Jahren zum erstenmal sah, war es eine wirklich ruhige, grüne Stadt: Baumalleen, Schinkelbauten, Wiesen und Felder ringsum. Noch 1861 erstreckte sich die zukünftige Metropole gerade eben über 38 Quadratkilometer.

Erst nach den erfolgreichen Eroberungskriegen dieses Jahrzehnts, in dem sich die Grundfläche des Landes etwa verdoppelte, erst nach 1866, nach dem Sieg in Königgrätz, dachten die preußischen Könige auch an ihre Hauptstadt. *»So recht anders ist es auch erst seit Anno 70 geworden«*, schrieb Fontane, *»nach dem freilich anfechtbaren Satz, daß Krieg und Schwindel zu den eigentlichsten Förderern des generis humani gehören.«*

Nach 1871 wurde die Stadtmauer mit ihren 19 Toren niedergerissen, und die Gemeinden Moabit und Wedding, Charlottenburg, Tempelhof und Hasenheide gehörten fortan zur Stadt. 1878 kamen dann noch Lichtenberg, Tiergarten, Seepark, Schloß Bellevue und der Zoologische Garten hinzu. 1888 umfaßte die Stadt schon 63 Quadratkilometer, heute mißt das Land Berlin 890 Quadratkilometer.

Berlin war damals, als Lewin von Vitzewitz in der gerade – 1809 – gegründeten Universität Jura studierte, noch ein Nest. Es zählte zwar nicht mehr wie zu des Großen Kurfürsten Zeiten nur 6000 Einwohner, sondern war immerhin auf 163 000, davon 9900 »Militärpersonen«, angewachsen. 1840 waren es schon 323 000, davon 18 700 »Militärpersonen«, und nach der Reichsgründung schossen die Zahlen jedes Jahr in die Höhe. 1871: 825 000, 1875: 965 000, 1880: 1,122 Millionen (20 300 »Militärpersonen«) und 1897: 1,722 Millionen Einwohner.

Das bedeutete: Noch 1890 waren nur 40 Prozent der Bewohner Berlins auch dort geboren. Die Neu-Berliner kamen aus den preußischen Provinzen, vor allem aus Brandenburg, Schlesien sowie aus Sachsen und Ostpreußen. Damals zählte man in Berlin 29 172 bewohnte Häuser und 1057 bewohnte Schiffe. 1885 standen jedem Einwohner 57 Quadratmeter Wohnraum zur Verfügung, fünf Jahre später nur noch 40. Diesen Zuwachs faßten nicht einmal die riesigen Mietskasernen, die vor allem nach 1870 in den ehemaligen Vorstädten aus dem Boden schossen.

Fontane und sein Berlin

Diese Entwicklung seiner Stadt erlebte Theodor Fontane mit, und in keiner anderen Stadt wollte er leben. Hierher kehrte er immer wieder zurück, und hier blieb er nach 1858, nach seinem letzten London-Aufenthalt, endgültig.

»Es ist mir im Laufe der Jahre, besonders seit meinem Aufenthalte in London, Bedürfnis geworden, an einem großen Mittelpunkte zu leben, in einem Zentrum, wo entscheidende Dinge geschehen. Wie man auch über Berlin spötteln mag, wie ich gern zugebe, daß es diesen Spott gelegentlich verdient, das Faktum ist doch schließlich nicht wegzuleugnen, daß das, was hier geschieht und nicht geschieht, direkt eingreift in die großen Weltbegebenheiten. Es ist mir Bedürfnis geworden, ein solches Schwungrad in nächster Nähe sausen zu hören, auf die Gefahr hin, daß es gelegentlich zu dem bekannten Mühlrad wird.« Das schrieb er in seiner Autobiographie *Von Zwanzig bis Dreißig*.

1872 zogen Fontanes aus der Hirschelstraße 14 – heute heißt sie Stresemannstraße – in die Potsdamer Straße 134c, wo er bis zu seinem Tode im Jahr 1898 wohnte. *»Unter gewöhnlichen, bescheidnen Verhältnissen leb ich aber doch lieber hier als an irgendeiner anderen deutschen Residenz …«* Über 25 Jahre blieb Fontane in der Potsdamer Straße, und wer ihn in seiner Mansarde besuchte, wunderte sich, daß er trotz des tosenden Verkehrs bei offenen Fenstern zur Straße lebte und arbeitete. Er aber liebte seine Klause und beantwortete auf einem der als Spiel sehr beliebten Fragebögen die Frage: *»Wo möchten Sie leben?«* mit: *»In meiner Stube.«*

Friedrich Wilhelm Klose,
Werderscher Markt in Berlin. 1836

Von dort aus wanderte er durch seine Stadt und schaute sich Häuser und Plätze an, bis er für jede seiner Personen die richtige Wohngegend, die richtige Straße und den richtigen Namen entdeckt hatte, die sie zu einem weiteren Mosaikstein im Bilde des brandenburgischen und preußischen Berlins machten. 1894 schrieb er in einem Brief an seinen Freund Georg Friedlaender: »*Wie unsere Junker unausrottbar dieselben bleiben, kleine, ganz kleine Leute, die sich für historische Figuren halten, so bleibt der Berliner ein egoistischer, enger Kleinstädter. Die Stadt wächst und wächst, die Millionäre verzehnfachen sich, aber eine große Schusterhaftigkeit bleibt, die sich vor allem in dem Glauben ausspricht: Mutters Klops sei der beste.*«

Um Berlin herum lag das Paradies, das Land Gosen, wie es Theodor Fontane in seinem Gedicht nach der biblischen Stadt nannte, die am Nildelta gelegen haben und so fruchtbar gewesen sein soll, daß Joseph seinen Vater Jakob und seine Brüder in diesem besten Teil des Landes als Viehzüchter leben ließ.

Oft hör ich: »Unsre gute Stadt
Augenscheinlich eine Verheißung hat,
Der Himmel, der uns so hegt und pflegt,
Hat uns alles wie vor die Türe gelegt.«
Ja, ja, wir haben es leicht und bequem:
Im Brieselang Eichen, in Glindow Lehm,
In Rauen Kohlen, in Linum Torf,
Kalkgeschiebe bei Rüdersdorf,
Im Grunewald Schwarzwild, Hirsch und Reh,
Spargel en masse bei Halensee,
Dill und Morcheln und Teltower Rüben,
Oderkrebse hüben und drüben,
Auf dem Hohen Barnim Fetthammelherden
(Werden mit nächstem Southdowns werden),
Königshorster Butter, in Sperenberg Salz,
Im Warthebruch Gerste, Graupen und Malz,
In Kienbaum Honig, im Havelland Milch,
In Luckenwalde Tuch und Drillch,
Bei den Werderschen Kirschen und Aprikosen
Und bei Potsdam ganze Felder von Rosen.
Nichts entlehnt und nichts geborgt,
Für Großes und Kleines ringsum gesorgt,
Und gesorgt vor allem auch (und nicht schlecht)
Schon für unser kommendes Geschlecht –
Des find uns Gewähr unsre lieben, strammen
Und fast unmöglichen Spreewaldsammen.

Fontanes Gosen lag nicht am Nil, sondern an der Spree, und er und seine Zeitgenossen hatten das Glück, Kirschen und Kartoffeln, Spargel und Salatköpfe so frisch kaufen zu können, daß der Morgentau noch auf den Früchten oder zwischen den Blättern lag. Denn was in der Früh geschnitten oder gepflückt worden war, kam gleich in die Boote oder auf den Leiterwagen und lag am Vormittag auf dem Markt und vor Mittag auf dem Küchentisch.

Die schwarze Küche wird hell

Die Küche veränderte sich im 19. Jahrhundert ebenso rasant wie die Städte, und wie dort trugen die sich entfaltende Industrie, die Landflucht in die Großstädte und die veränderte Familiensituation das Ihre dazu bei. Naturwissenschaftler begründeten die moderne Chemie, stellten Versuche über die Natur des Feuers und der Wärme an und entdeckten Jahr für Jahr in einem atemberaubenden Tempo ein chemisches Element nach dem anderen, die Gesetze der Elektrizität, den Rübenzucker, die Rechenmaschine. Innenräume wurden versuchsweise mit Gas beleuchtet, Maschinen mit Dampf betrieben und das Metermaß eingeführt.

Die Naturwissenschaft bemächtigte sich auch der Koch- und Küchengeräte. Graf Benjamin Rumford, ein aus Amerika stammender Physiker, entwickelte in München zur besseren Ausnutzung der Wärme Heizanlagen, die zum erstenmal das Feuer von allen Seiten umschlossen, so daß es nicht mehr wie seit Jahrhunderten offen auf dem Herd brannte, sondern im Herd, der von vorn zwar weiter mit Holz oder Kohle gespeist wurde, für den gleichen Kochvorgang jedoch weniger Energie, also weniger Heizmaterial, benötigte.

Das war der entscheidende Schritt zur modernen Küche. Die »Schwarze Küche« wurde nun rauchfrei, und da man die Hitze dieses Herdes mit Klappen, Türen, Zügen und Rosten je nach Bedarf anfachen oder drosseln und gezielt ausnutzen konnte, wurde er als Sparherd berühmt. Rumford baute die verschiedensten Typen, auch für Kasernen und Volksküchen.

Doch beim Kochen und Essen haben Gewohnheiten und Tradition immer eine sehr viel größere Rolle gespielt als die Vernunft. So hat es lange gedauert, bis das Feuer auf dem Herd tatsächlich ganz der Vergangenheit angehörte. Man sieht es noch auf Stadtbildern aus dem vorvorigen und auf ländlichen Bildern aus dem 20. Jahrhundert. Der Fortschritt schlich sich langsam ein. Der alte Herd wurde vielfach beibehalten und ein Backofen obenauf gemauert. Oder ein moderner Eisenherd wurde daneben gestellt, so daß im Winter wie immer gefeuert, im Sommer aber auf dem Sparherd gekocht werden konnte, der die Küche nicht mit einer solchen Gluthitze erfüllte.

Graf Rumford war jedoch nicht nur die mit dem offenen Feuer verbundene Energievergeudung ein Ärgernis, ihn störte auch die Verschwendung, im offenen Topf zu kochen. Er entwickelte deshalb neue Kochtöpfe aus den verschiedensten Metallen, aber immer mit gut schließenden Deckeln, und er untersuchte, wie die Art der Wärmequelle und die Intensität der Wärme mit Topfmaterial und Topfgröße zusammenhingen.

Die neuen Kochgeräte und die in Mode gekommene Backröhre veränderten die Rezepte, es entstanden eigentlich erst jene, nach denen wir heute noch kochen. So wurden aus vielen Pfannenrezepten solche fürs »Rohr«. Das Backrohr war eine erhebliche Zeitersparnis für die Fabrikarbeiterinnen und für Bauersfrauen mit Nebenerwerb. Sie brauchten nicht mehr am Herd zu stehen und zum Beispiel einen Pfannkuchen nach dem anderen in der Pfanne zu backen, sondern konnten das Ganze in eine ausgefettete Bratform füllen und ins Rohr schieben.

Es ist jedoch nicht nur die Küche, die von der Wissenschaft umgestaltet wurde, sondern das Kochen selbst wurde zur Wissenschaft. Zum erstenmal wuchs das neue technische Angebot zumindest in der Stadt so sehr, daß die Töchter nichts mehr von den Müttern lernen konnten, sondern sich von Herstellern erklären lassen mußten, wie die neumodischen Kochgeräte funktionierten. Als in Europa zeitweilig große Teile der Bevölkerung hungerten, erlaubten es die neuen Herde und die Erkenntnisse der jungen Er-

Max Liebermann, *Stille Arbeit*. Um 1884

nährungswissenschaft, in Notzeiten mit den gesunden Rumford-Suppen Massenspeisungen in den großen Städten durchzuführen. Diese enthielten alle Nährstoffe, die man damals für lebenswichtig ansah. Rumfords rettende Idee war es gewesen, die jeweils billigsten Nährstofflieferanten, Graupen, Erbsen und Kartoffeln, Salz und Wurzelwerk, auszusuchen und sie entweder in Wasser, noch besser aber in Brühe aus gehackten Knochen weich zu kochen.

Schlichtheit und Mode

Nach Schach von Wuthenows und Vitzewitzens Zeit begann das Biedermeier. Der Name klingt nach Idyll und guter alter Zeit, doch die Epoche begann *Vor dem Sturm* auf Napoleon und endete 1848 mit der Aufbahrung der Märzgefallenen auf dem Berliner Gendarmenmarkt. In dieser Zeit, in diesen Jahren ist die moderne Küche entstanden.

Biedermeier, das war nach der Revolution, nach dem Reformwerk des Freiherrn vom Stein zur Bauernbefreiung der endgültige Abschied von der alten Adelswelt – wie man damals glaubte –, von dem Dekor der Rokoko-Rocaille ebenso wie vom kaiserlich-napoleonischen Empire. Gerade die allgemeine Armut dieser Epoche und die damit verbundene stolze Anspruchslosigkeit machten es den Menschen leichter, sich vom Gestrigen, vom Verlorenen auch tatsächlich zu trennen. Ein neuer Geschmack kam in Mode: Simplizität, Klarheit, als Ausdruck geistiger Läuterung verstanden und vielleicht deshalb so rasch akzeptiert, schlichter Bürgersinn. Der Schrank so ohne Schnörkel und Falsch wie der Herd. Kein Gold mehr auf den Rosetten selbst der Vorratsschränke, sondern Blau auf klarem Weiß, Ton in Ton. Zum erstenmal eine Idee von Hygiene: keine rohen Wände in den Wirtschaftsräumen, nur einmal im Jahr mit Kalk übergewitschert, sondern säuberliche, sogenannte Mettlacher Kacheln vom reisiggefegten Fußboden bis zur Decke.

Adolph Menzel, *Abendgesellschaft*. Um 1847

Über alles regierte jetzt nicht mehr Monsieur, sondern der Hausvater. Man parlierte nicht mehr Französisch mit den Besatzungstruppen, man sprach Deutsch und gab auch den Speisen und den Zutaten deutsche Bezeichnungen. Da niemand Geld im Überfluß hatte, sollten Zweck und Absicht aller Dinge klar und deutlich zutage treten. Jedes Gerät, jedes Möbelstück sollte so bequem und praktisch wie möglich sein, Geräte und Räume brauchten nicht mehr der Repräsentation zu dienen, sondern sollten für ihren Besitzer und Benutzer möglichst angenehm sein.

Begriffe wie Funktionalität oder individuelles Bedürfnis waren der Zeit noch unbekannt, ihr Wesen wurde jedoch zum erstenmal intuitiv empfunden und als bürgerliches Ideal, ja auch als Anspruch verstanden, sogar als Schlüssel zum häuslichen Glück. Die Kriege waren vorbei, die Familien hatten sich wieder zusammengefunden und saßen nun abends am runden Tisch, den die Urenkel den Biedermeiertisch taufen würden, zum Vorlesen, Singen und Plaudern zusammen, bald auch, um in diesem geschützten privaten Kreis politisch zu debattieren.

Man brauchte keine Angst mehr vor Silberspähern oder Einquartierungen zu haben, konnte seine letzten geretteten Schätze wieder ans Tageslicht ziehen und stellte sie in die Servante, den Glasschrank, und in die Küchenschränke mit den modernen, schönen, großen Glasscheiben, die nun auch in allen Fenstern waren, ja sogar anfingen, die Haus- und Hoftüren durchsichtig zu machen. Man kaufte *à la mode anglaise* nicht nur gerade Stühle und Tische, sondern auch das Steingut, das Mr. Wedgewood in England gerade erfunden hatte und das man dort »das Porzellan des armen Mannes« nannte, kaufte also Platten, Saucieren und Deckelschüsseln, alles so schön und so vielformig wie das Porzellan, aber nicht handgemalt, sondern mit Dekoren bedruckt und deshalb viel billiger.

Man kaufte die ersten Industrieprodukte, die wie eine Vision der Zukunft neben den alten Feuerherd gehängt wurden. Gestanztes Blech und gezogener Draht begannen, Weidenruten und Rohr als Werkstoff zu ersetzen, und wenn der Zuber auf der Wasserbank neben dem Herd auch noch vom Faßbinder aus Holz hergestellt war, so bestand der Schöpflöffel doch bereits aus Blech oder Emaille, und Fontanes Romanfiguren Stine oder Corinna Schmidt konnten ihn samt dem anderen Gerät nach den »Illustrirten Preis-Büchern für Blech-, Metall- und Lackirwaren« der Metallfabriken bestellen, die bald überall gegründet wurden und die Küchen mit Kaffeemühlen und Kohlenschütten, Bouillonsieben und Teekugeln, Salatseihern und Eierkuchenwendern, Eisbüchsen und Dochtscheren, Zylinderputzern, Butterformen, Ausklopfern und Mausefallen überschwemmen sollten. Dinge, die nach des Hausvaters Wunsch solide und ausdauernd zu sein hatten. Die Industrieproduktion erhöhte sich in der ersten Hälfte des 19. Jahrhunderts um das Sechsfache.

Die Kochbuchliteratur der Frauen beginnt

Es war auch der Beginn der von Frauen geschriebenen Kochbücher. So wie der Küchenraum in Ordnung gebracht worden war, sollte jetzt auch im Kopf der Hausfrau das Unbestimmte und Ungefähre verschwinden, ebenso wie der Aberglaube. Mädchen sollten methodisch lernen, wie ein moderner Haushalt hygienisch, sparsam und effektiv zu führen war, wie man mit Dienstboten umging, wie man einkaufte und die Arbeiten in Haus und Küche beaufsichtigte, so daß der Ehemann stolz auf seine Frau sein konnte. Henriette Davidis, die zu den großen Erzieherinnen der »angehenden Hausfrauen« gehörte, ermahnte die Ehegatten: »Das häusliche Glück ist nicht einzig und allein von der Frau abhängig, der Mann muß es schaffen helfen …«

Aber die Frau hatte Pflichten. Diese nun faßte Henriette Davidis in ihrem Buch *Die Hausfrau* mit aller Gründlichkeit zusammen: Die Hausfrau lernte nicht nur das Bügeleisen zu entrosten, die Regentonne reinzuhalten, haltbaren Kitt für Porzellan und Gips, Marmor und Elfenbein herzustellen, mit Ofenkitt Risse im Ofen abzudichten, schwarze Tinte und weiße Seife zu kochen, Ungeziefer zu vertilgen, sondern alle Lebensmittel herzustellen und so zu bevorraten, daß sie nicht verdarben.

Sie lernte kochen, braten, backen, Kaffee brennen, was beim Schlachten von Rindvieh, Schwein und Geflügel zu beachten war, lernte pökeln und räuchern, Butter und Käse herstellen, und wenn zum Hause Vieh gehörte, so lernte sie alles über Stallung und Streu, Nährstoffzusammensetzung des Milchkuhfutters, über die Verwendung von Küchenabfällen. Und die Mittel für kranke Haustiere reichten von der schnellen Heilung von Stoß- und Quetschwunden bei Pferden, Kolik und Husten des Rindviehs, blaue Milch, Trommelsucht, Durchfall und Ungeziefer bis zur Wurmkrankheit der Hunde. Das betreffende Kapitel schließt mit »Kranke Katzen«.

Dies alles und noch viel mehr mußte die gute Hausfrau sowohl auf dem Lande wie in der Stadt wissen und beherrschen, auch wenn sie über Dienstboten und eine Köchin verfügte, die im damaligen Haushalt kein kapitalistischer Luxus, sondern eine Notwendigkeit waren, um mit dem gesamten häuslichen Produktionsprogramm und mit der Versorgung der Kinder fertig zu werden. Nur wer entsprechende Kenntnisse besaß, mußte nicht fürchten, betrogen zu werden.

Und auch das Folgende war laut Davidis ein Ergebnis der Modernisierung der Küche: Zog zum Beispiel der moderne Herd nicht richtig, so rät sie: »Ein intelligenter, praktisch gebildeter Fachmann (Schmied, Maurer oder vielleicht auch der Schornsteinfeger) kann am besten feststellen, wo der Haken steckt, und sodann den Übelstand nach Möglichkeit abhelfen.«

Je mehr Technik zur vollkommenen Küche gehörte, desto weniger wurde die Hausfrau selber mit allem fertig. Auch das gehört zur Moderne. Sie braucht den Fachmann, den Techniker, sie wird abhängig von denen, deren Geräte ihr größere Unabhängigkeit versprechen.

Hängeboden und Küchenduft

Die bürgerliche Küche wurde zur Produktionsstätte im eigenen Hause, hatte aber wie die Dienstboten unsichtbar zu bleiben. Doch nicht praktische Erwägungen trugen dazu bei, der Küche einen angemessenen Platz im Hause zu geben, es richteten sich soziale Schranken auf, die um so ernster genommen wurden, als sie im Zeitalter der egalisierenden Industrie längst unzeitgemäß geworden waren.

Jetzt erst kam der Begriff Dienstbotenküche auf und die dazugehörigen Empfehlungen, die einfachen Leute mit einfachen Gerichten abzuspeisen, wobei Unterschiede am Herd schon früher gemacht worden waren.

Dienstboten sollten zwar angemessen untergebracht werden, und so findet sich in Spemanns *Goldenes Schatzkästlein* die Mahnung: »... die Unsitte, daß die Magd in der Küche abends ihr Bett aufschlägt, wollen wir nur vorübergehend als einen der undelikatesten Mißstände der Großstädte erwähnen!« – aber Fontane beschreibt den für Berlin typischen Hängeboden über der Küche als ein licht- und luftloses Gelaß unter der Decke, gerade groß genug für eine Matratze, das das Dienstmädchen abends über eine Leiter erklomm.

Selbst das Wort Küchenduft bekam einen verächtlichen Beiklang. Wenn eine Hausfrau nach Küche roch, so rümpfte man die Nase. Wer als Dame gelten wollte, klingelte nach Köchin oder Mädchen und besprach mit ihnen den Speisezettel und betrat höchstens im Hauskleid und mit Haube die Küche, wonach sofort die Garderobe gewechselt wurde.

Das Bürgertum in der Metropole, zu Geld gekommen, ahmte den Lebensstil des Adels nach, und während sich im ausgehenden Mittelalter die Bauern über einen Bauernjungen lustig machten, der die heruntergekommenen Ritter nachäffte, wertete in Fontanes Jahrhundert die Restauration mit den wiedergekehrten Monarchien den Adel auf. Gab es bei den Königen und dem deutschen Kaiser noch einmal Glanz und Gloria, so wollten die Wohlhabenden nicht nachstehen.

Wurden auch nur wenige so vermögend wie die Waffenschmiedwitwe Bertha Krupp, zweitreichste Person im Deutschen Reich, so wollten sie doch ungefähr so leben. Die Fabrikantenvillen sahen wie Schlösser aus, waren wie bei den Treibels mit einer Bildergalerie ausgestattet, wobei die Gemälde meist eigens bestellte Kopien waren, die vielleicht auf einer Bildungsreise nach Italien bei einem der dortigen Künstler oder Kopisten genau nach den Maßen des Berliner Speisezimmers hergestellt worden waren.

Viele Gasthäuser in den Städten wandelten sich zu Hôtels und gaben den Bürgern Gelegenheit, in gemieteten Prachtsälen so »zu

Johann Erdmann Hummel,
Schachpartie im Palais Voß zu Berlin. 1818

empfangen« und ihre Gäste zu bewirten, wie es der Adel in seinen Stadtpalais tat, die in Berlin in der Wilhelmstraße dicht nebeneinander lagen: das der Grafen von Bülow und Schwerin, das Palais der Fürsten Pless und Radziwill und das des Prinzen Georg, später Pringsheim. Die Hotelküche und die Herrschaftsküche ähnelten einander in der reichen Ausstattung, dem zahlreichen Personal, das wie in einem Zerrspiegel die hierarchische Staffelung der Gäste nach Rang und Würde nachahmte, und schließlich in der verschwenderischen Fülle der Gerichte, die wieder wie in Zeiten großen Überflusses und starker Repräsentiersucht zu üppigen Schaugerichten aufblühten.

Kalter Salon und warme Küche

Diese Küchen waren Betriebe, und selbst aus den Küchen der Honoratioren in der Provinz flohen Katzen und Kinder, sobald für ein Diner, ein Bankett, ein hohes Jahresfest gekocht und gesotten wurde. Dann zogen Kochfrauen ein und verschüchterten nicht nur die Hausfrau; Lohndiener traten an, und im gesamten Küchentrakt, Speisekammer, Anrichte, Spülküche, Leinenkammer, Weinkeller und so weiter, herrschte Hochbetrieb, schlimmer als beim alljährlichen Frühjahrsputz.

Wohnlich waren in diesen Küchenregionen höchstens die Aufenthaltsräume und die kleinen Küchen der Dienstboten, aber dort herrschten eigene Gesetze, denn in dem Maße, in dem der Küchenflügel aus dem Hause ausgegliedert wurde, entstand im Dienstbotentrakt ein eigenes Reich, das von der Herrschaft die gleiche Distanz forderte, die ihr von ihm zugemessen wurde. In diese Wärme und Behaglichkeit durften sich die Damen des Hauses nur stehlen, wenn sie einen Anlaß dazu hatten. Doch da laut Spemanns *Goldenes Schatzkästlein* in den Salons und Wohnräumen eine Durchschnittstemperatur von nur 14 Grad Réaumur herrschte, wird manche Dame, außer in den Hundstagen, darauf bestanden haben, den Wochenzettel, die Einkäufe und die besonderen Wünsche des Hausherrn mit der Haushälterin oder der Köchin in der Küche zu besprechen, damit sie sich wenigstens einmal am Tage richtig durchwärmen konnte.

Was nun aus diesen Küchen hervorging, wenn für eines der großen Diners gearbeitet worden war, sah von den Vorspeisen über die Hauptgerichte bis zu den Desserts so prunkvoll aus wie die gerade erbaute Pariser Oper oder die Wiener Votivkirche. Luxusgerichte vornehmlich zum Bewundern, kaum zum Sattwerden.

Die Gesellschaft und ihre Tischkultur: Auch das ergibt in Fontanes Romanen eine Stadtkarte, in die nichts verzeichnet wurde, das nur dem dichterischen Einfall entsprang.

Französische Kriegsschulden und neuer Luxus

Bei den Berliner Diners der Reichsgründungsjahre konnte Fontane an seinen Helden den ersten, noch bescheidenen Luxus beschreiben, der sich nach dem Sieg von 1871 über Frankreich und den erheblichen Reparationen, die in Gold gezahlt werden mußten, entfalten konnte: fünf Milliarden Francs in drei Jahren. Das war das Geld der Gründerjahre, das die ersten Kapitalisten hervorbrachte und die ersten Wirtschaftskrisen des jungen Deutschen Reiches verursachte.

Ebenso genau beschreibt Fontane jene, die nach den Sätzen der preußischen Verfassung von 1850 ebenfalls in einer veränderten Welt lebten: »Alle Personen sind vor dem Gesetze gleich. Standesvorrechte finden nicht mehr statt.« Das bedeutete: Handwerker, Händler und Hausierer konnten nun Gewerbe treiben, wie sie wollten, und hatten sogenannte Verehelichungs-Freiheit, aber noch ließen diese Veränderungen der alten Bürgerrechte nicht das Bewußtsein einer neuen Klasse entstehen. Der Städter wurde und blieb Kleinbürger, wurde nach Fontanes Zeit Untertan und besaß in dieser Beschränkung alle Möglichkeiten, sich zu etablieren oder aufzusteigen: zum Bildungsbürger, zum Beamten, zum Militär oder Millionär.

Der Adel, die Junker und die Hofgesellschaft, verlor zwar Privilegien auf seinen Gütern, hatte also auch nicht mehr das Recht, Spann- und Handdiensttage zu fordern, war aber eine so in sich geschlossene Gesellschaft, daß der Verlust solcher Vorrechte automatisch dazu führte, mehr zusammenzurücken. Wenn sie auch keine wirtschaftliche Macht mehr besaß, keine Macht über Menschen, die ihr »gehörten«, so bot ihr das junge Wilhelminische Kaiserreich die Macht der gesellschaftlichen Position.

Da brauchte der jahrhundertelang führende »erste Stand« ein neues Image, da hatte sich ein König zum Kaiser krönen lassen und brauchte einen Hof, als ob es weder 1789 noch 1848 gegeben

Franz Krüger,
Parade auf dem Opernplatz in Berlin. 1824/30

hätte. Und trotz aller politischen, sozialen und wirtschaftlichen Veränderungen blieben das Wertesystem und die gesellschaftliche Etikette des preußischen Adels verpflichtend für die Hofgesellschaft, die wiederum Ideal und Beispiel für das Bürgertum war.

»Hie Bürgertum – hie Junkertum!« Mit diesem Fanal umriß Fontanes Schriftstellerfreund Spielhagen 1862 die »liberale« Berliner Weltanschauung, und Gleichen-Rußwurm, der Kulturkritiker, schrieb: »Unter den Diplomaten und der Hofgesellschaft ging alles in gewohnter Weise seinen Gang, wenn auch die Räume zu klein wurden, die wachsenden Dinge zu fassen. Die literarischen, künstlerischen und die der Hochfinanz angehörigen Kreise schlossen sich enger aneinander, wurden großartiger in bezug auf Luxus, Prachtentfaltung und Toiletten. Diners traten anstelle des gemütlichen Zusammenseins, und große Abendgesellschaften lösten die ästhetischen Tees ab.«

Ein Unterschied bestand jedoch auch innerhalb der Adelsgesellschaft, nämlich der zwischen Stadt und Land, zwischen Hof und Hofgesellschaft. Beschreibt Fontane liebevoll die häuslichen Feste seiner eigenen Familie oder die bei den Stechlins, so werden in Berlin die Kasinos der Gardeoffiziere erwähnt, die Cafés und die nächtlichen Keller, die Frühstücksstuben und Weinlokale. Man geht aus. Man ißt bei anderen wie im Hotel.

Der Zauber der Montur

Berlins Erscheinungsbild war nicht zuletzt vom Militär bestimmt. Von jungen Offizieren, die nicht das Geld für eine Heiratskaution besaßen und deshalb als Junggesellen sehen mußten, was sich ihnen außer dem Kasinoessen bot. Mancher mag wie Professor Schmidt von den altbrandenburgischen Lieblingsspeisen geträumt haben, von Weißkohl mit Hammel, aber trotz dieser Beschwörungen war es die Hofgesellschaft, die sich zu Fontanes Lebzeiten so restaurierte, daß sie unbestritten den Ton angab.

Rahel Varnhagens Mann schrieb ein Jahrzehnt nach den Freiheitskriegen: »Der Adel gewinnt täglich an Übergewicht, am Hofe zuerst, dann im Militär und in der Administration. Zwar der einzelne Adlige ist nicht mehr so angesehen, so obenauf wie ehemals, aber die Gesamtheit aller vielleicht nur noch mehr. Unsere adligen begüterten Familien bilden eine aristokratische Macht, von der die königliche geleitet ist. Jeder Eingeborene, der nicht aus der Adelsklasse stammt, ist nur ein halber Preuße.«

Dieser preußische Adel aber war in den Befreiungskriegen eine Säule des Königtums geworden, hatte die Schmach, wie es hieß, dem Lande genommen, und auch das blieb im Gedächtnis und half dem Adel zu seiner neuen alten Stellung bis in die Kaiserzeit. Sie war nur kurz und dauerte von 1871 bis 1918, gerade 50 Jahre.

Der Hofstaat

Im einheitlichen Deutschen Reich gab es einen Kaiser, und den Hofchargen gehörte die Zukunft. Sie ließen sich willig in die

Choreographie der monarchischen Macht einordnen und bildeten die allgegenwärtige Staffage der Fontaneschen Berlin-Romane. Keine seiner Geschichten spielt im inneren Kreis des Hofes, aber viele seiner Figuren hängen von dem ab, was dort galt, ahmen nach, versuchen sich zu befreien, resignieren, flüchten oder wollen in dem hierarchischen System aufsteigen.

Die Formen, nach denen sich der Hofstaat angemessen bewegte, stammten aus Spanien. Das spanische Zeremoniell bestimmte den Stand der Sterne an diesem gesellschaftlichen Firmament, bestimmte aber vor allem, wer hoffähig, das heißt, wem der Zutritt bei Hofe gestattet war. Dazu gehörte natürlich zuerst einmal der Adel, aber auch die hohe Geistlichkeit, gelegentlich Künstler und Gelehrte und erst zu Fontanes Zeiten auch höhere Staatsbeamte aus dem Bürgertum und ansonsten ausgezeichnete Personen.

Der Hofstaat in Preußen wurde wieder wie im Barock aufgebaut. Er war im Prinzip »die Gesamtheit der Personen, welche den regierenden Fürsten und dessen Familie am Hof umgeben«, wie es der *Brockhaus* aus den damaligen Jahren definierte. Seinen Hofstaat mußte sich der Kaiser finanziell leisten können, denn wenn er alle zu Hofe rief, mußte er diese nicht nur verköstigen, sondern auch in Szene setzen, also Paraden, Bälle, Bankette, Empfänge und anderes veranstalten.

Die Franzosenzeit in Preußen hatte gezeigt, mit wie wenig Hof der Monarch auskommen konnte, doch der Reichtum, der nach 1871 aus Frankreich kam, sowie die allgemeine europäische Restauration der Throne ließen den Hofstaat zu einem exklusiven Staat im Staate mit hoher Publikumswirksamkeit anwachsen. Am königlich-preußischen und dann deutschen Kaiserhof formierte er sich von den obersten Hofchargen bis zu den Kammerherren und Pagen wie eine Pyramide.

Ranglisten und der wahre Rang

Nach den Hofrangordnungen, die »die Aufeinanderfolge derer bestimmt, die bei Hofe zu erscheinen das Recht haben« (*Brockhaus*, 1889), bildeten die Fürsten den innersten Kreis mit den höchsten Rängen. Dann folgten der übrige Adel, die Hofverwaltung und das Militär. Selbst Räte dritter Klasse trugen noch einen schmucken Ratsfrack. Ganz am Ende rangierten die Zivilisten, die Bürger ohne Amt, so daß ein Dichter oder ein weltberühmter Gelehrter nur ans Ende der Rangliste plaziert werden konnte, noch weit hinter den jüngsten Leutnants. Diesen »Schlußlichtern« gelang es nur dann, an der kaiserlichen Tafel etwas besser plaziert und vielleicht auch beachtet zu werden, wenn sie einen Orden verliehen bekamen, je höher, desto wirkungsvoller.

Jedoch, wie Fedor von Zobeltitz bemerkte: »Als Fontane seinen siebzigsten Geburtstag feierte, gab man dem berühmten Schilderer der Mark, dem Dichter des prachtvollsten preußischen Romans, huldvollst den Roten Adlerorden vierter Klasse, mit dem man auch jeden ehrenwerten Geheimen Kanzleidiener beglückt, wenn er sich ein paar Jahrzehnte hindurch brav gehalten hat. Unsere Medici haben für die Literatur nichts übrig …«

Dessenungeachtet besaßen die Ordensfeste eine große Anziehungskraft. Sie gehörten zur Tradition der Berliner Saison, und der Monarch lud zu diesem Anlaß alle diejenigen ins Schloß ein, die im Jahr vorher ausgezeichnet worden waren und nun ihren Orden verliehen bekamen, wozu Frack oder eine Uniform gehörte.

Würde und falsche Waden

Um den eitlen Reiz des Besonderen noch zu erhöhen, wurde nun wieder eine Hoftracht eingeführt, deren Bestimmungen der Kaiser »höchstselbst« 1890 von der Wartburg aus erließ. Danach mußten sich die Herren, die kein Recht hatten, eine Uniform zu tragen, und dennoch in Gala im königlichen Schloß zu Berlin, in den dortigen königlichen und prinzlichen Residenzen, im Stadtschloß zu Potsdam oder dem Neuen Palais erscheinen sollten, statt des schwarzen Fracks nun ein einreihiges Hofkleid anziehen: schwarzes Tuch oder Atlas, keine Patten, so lang, daß es den halben Unterleib bedeckte, entweder mit Kniehose und seidenen Strümpfen oder langen eng anliegenden Beinkleidern.

Wurde nur sogenannte »kleine Uniform« befohlen, mußten die Herren, die keine Berechtigung besaßen, eine solche anzulegen, zum Frack in Escarpins schlüpfen, wie man die höfischen Seidenstrümpfe fälschlich nannte, denn eigentlich bezeichnete das Wort kleine, leichte Schuhe. Sicherlich fuhr den armen Zivilisten, den Parlamentariern, Künstlern und Wissenschaftlern, nicht nur die kalte Berliner Winterluft um die fast nackten Waden. Wer Storchenbeine besaß, den ließ die Eitelkeit fragen, ob er sich nicht lieber falsche Waden aus sogenannten Wattons zulegen sollte.

Den Damen wurden per sogenannter Hofansage genauso strenge Vorschriften gemacht wie den Herren. Das Oberhofmarschallamt definierte zum Beispiel genau, was bei Hofbällen unter dem vorgeschriebenen Dekolleté zu verstehen war: kein tiefer Ausschnitt, sondern freie Schultern, keine langen Ärmel, auch nicht halblang, sondern nur kurz, also nur schmale Träger. Wenn es sich um eine Cour handelte, wenn die Gäste also am Kaiserpaar vorüberzogen und ihre Verbeugung machten, mußten die Toiletten der Damen eine Schleppe haben, die praktischerweise für normale Bälle einfach abgeknöpft wurde.

Bei Prinz Louis Ferdinand zu Gast

Die feinen Unterschiede der Kleiderregeln wurden als gesellschaftliches Zeichen benutzt. Wenn Schach von Wuthenow also nur im »*Interimsrock und um fünf Uhr*« von Prinz Louis Ferdinand zum Essen eingeladen wurde, so war ihm bewußt, daß es sich nicht um eine offizielle Angelegenheit handelte und wie hoch er geschätzt wurde, wenn er zu einer solchen privaten Geselligkeit gebeten und nicht befohlen wurde. Denn mit Interimsrock bezeichnete man den Uniformrock, der von den Offizieren gern außer Dienst und im sogenannten kleinen Dienst getragen wurde. Der eigentliche Dienstanzug war der Waffenrock, der Interimsrock dagegen eine Art Hausjacke für die Personen, die sich in Zivil fremd gefühlt hätten.

Louis Ferdinand, Neffe Friedrichs II. und Enkel des regierenden Königs, bekannt als unkonventionell und kulturell interessiert, wird von Ludwig von der Marwitz so beschrieben: »Er trug im Dienst Stiefel, in Gesellschaft immer Schuhe und seidene Strümpfe ... Er war der höflichste Wirt. Wenn man bei ihm speiste, so ließ er Degen und Hut ablegen und ließ die Gäste, und wenn es Leutnants waren, voran ins Speisezimmer gehen, er der Letzte.«

Der Prinz liebte die relative Zwanglosigkeit seines Sommerhauses in Moabit und inszenierte seine Diners wie eine romantische Szene. *»Um die festgesetzte Stunde fuhr Schach, nachdem er Alvensleben und Nostitz abgeholt hatte, vor der prinzlichen Villa vor. Diese lag am rechten Flußufer, umgeben von Wiesen und Werftweiden, und hatte die Front, über die Spree fort, auf die Westlisière des Tiergartens ... Es war heller Tag noch, aber in dem Speisesaal, in den sie von dem Vestibul aus eintraten, brannten bereits die Lichter und waren (übrigens bei offenstehenden Fenstern) die Jalousien geschlossen. Zu diesem künstlich hergestellten Licht, in das sich von außen her ein Tagesschimmer mischte, stimmte das Feuer in dem in der Mitte des Saales befindlichen Kamine. Vor eben diesem, ihm den Rücken zukehrend, saß der Prinz und sah, zwischen den offenstehenden Jalousiebrettchen hindurch, auf die Bäume des Tiergartens.*

›Ich bitte fürlieb zu nehmen‹, begann er, als die Tafelrunde sich arrangiert hatte. ›Wir sind hier auf dem Lande; das muß als Entschuldigung dienen für alles, was fehlt ...‹«

Es zeigt sich, daß dem Prinzen der Moment, in dem sich die Landschaft am reizvollsten präsentiert, wichtiger ist als die Etikette. »*Der Prinz wollte weitersprechen. Als aber in eben diesem Augenblick einer der Diener an ihn herantrat und ihm zuflüsterte, daß der Rauchtisch arrangiert und der Kaffee serviert sei, hob er die Tafel auf und führte seine Gäste … auf den an den Eßsaal angebauten Balkon … Man sah, flußaufwärts, auf die halb im Nebel liegenden Türme der Stadt, flußabwärts aber auf die Charlottenburger Parkbäume, hinter deren eben ergrünendem Gezweige die Sonne niederging. Jeder blickte schweigend in das anmutige Landschaftsbild hinaus, und erst als die Dämmerung angebrochen und eine hohe Sinumbralampe gebracht worden war, nahm man Platz und setzte die holländischen Pfeifen in Brand, unter denen jeder nach Gefallen wählte …*«

Die große Cour

Die Hofgesellschaft hatte in der Berliner Saison ihren jährlichen Auftritt. Die Saison begann in jedem Winter nach den großen Jagden, nach der Weihnachtszeit. Mitte Januar war die kaiserliche Familie wieder in ihre Residenz übersiedelt, und aus der Provinz rollte die große Welle des Adels heran. Denn in Berlin selbst lebte nur ein Teil der sogenannten Hofgesellschaft, die Prinzen und Fürsten, die höchsten Militärs, Diplomaten und die oberen und obersten Hofchargen. Doch die Hoffähigen vom Lande, Gutsbesitzer, ehemalige Hofchargen und andere, zog es ebenfalls in die Stadt. Da gab es Töchter, die der Gesellschaft vorgestellt werden mußten, um möglichst gut verheiratet zu werden, da gab es das winterliche Vergnügen im Theater und Konzert. Alte Freunde, die Familie, der Landtag, das Herrenhaus und Regimentskameraden sollten auch besucht werden. Vor allem aber lockte der unvergleichliche Glanz der Monarchengnade.

Nur wenige Gutsbesitzer oder Majoratsherren besaßen ein Stadtpalais. So mieteten sie sich mit der Familie in Hotels oder Wohnungen ein, vollständig eingerichtet, manchmal auch nur in eine billige Familienpension. Dann strömten die Damen zur Schneiderin und Hutmacherin, begannen, ihre Besuche zu machen, das heißt: Sie gaben bei der Oberhofmeisterin und anderen Mitgliedern der Hofgesellschaft Visitenkarten ab, so daß sie als anwesend wahrgenommen und auf die begehrten Einladungslisten gesetzt wurden. Der Traum aller Damen: eine Tee-Einladung bei der Kaiserin.

Die großen Feste begannen Mitte Januar mit dem Krönungs- und Ordensfest, zu dem auch »das Volk«, wie ein Adliger schrieb, also jeder in Preußen neu Dekorierte, Zutritt hatte, so daß im Schloß ein ziemliches Gedrängel herrschte. »Vor den Türen halten Posten der Garde du Corps, der Leibgendarmerie und der Schloßgarde Wache – und an ihnen vorüber flutet die Menge, um

Adolph Menzel, *Das Ballsouper*. 1878

sich zunächst in den Braunschweigischen Kammern zu versammeln. Die große Cour nahm im Rittersaal ihren gewöhnlichen Verlauf und währte kaum eine Stunde. An sie schloß sich der Gottesdienst … und sodann das Galadiner im Weißen Saale, der Bildergalerie und den anstoßenden Kabinetts. Auch bei dieser Gelegenheit war die bunte Mischung der Gesellschaft sehr interessant; im selben Raume mit dem Kaiser, den Fürstlichkeiten und den Ministern speisten auch die niederen Beamtenchargen und mit den Rittern des hohen Ordens vom Schwarzen Adler die neuernannten Inhaber des Allgemeinen Ehrenzeichens. Selbst in der Küche wird an diesem Tage auf die Mannigfaltigkeit der Gäste und ihren Geschmack eine gewisse Rücksicht genommen: Das Menü ist derb, fast bürgerlich: Brühe, Zander, Schmorbraten,

Kalbschnitten, Gänseleberpastete, Enten, Maronenspeise. Aber mit den Weinen wird nicht gespart, und wer bei der Auswahl der Schloßabzüge nicht vorsichtig ist, dem kann es leicht passieren, daß er beim Aufstehen ein wenig schwankend wird und das Parkett für eine Schlidderbahn hält ...«

An weiteren Abenden folgten die Diners bei den verschiedenen Botschaftern und Ministern und dann natürlich die Hofbälle. In allen Zimmern und Kammern, im Weißen Saal und in der Galerie leuchteten die Kerzen, alle Kammerherren und der Zeremonienmeister standen bereit, um die Gäste an ihre Plätze zu geleiten. Denn es gab keine »Büfettabspeisung«, auch keinen Kampf mehr um eine Hummerschere oder einen Schluck Champagner, sondern ein kleines Souper, auch nicht an der langen Tafel, sondern an kleinen Tischen. Beginn: halb acht. Zuerst erfolgte der Rundgang der allerhöchsten Herrschaften, huldvolle Worte und Begrüßungen, dann: Walzer und die am Vortag einstudierten Quadrillen und Gavotten.

Der Hof als Vorbild für die Gesellschaft

Der Hof lieferte die Vorbilder, nach denen sich auch Fontanes Berliner Helden richteten. Saßen beim Ordensfest die Gäste in der Bildergalerie, so wird auch in *L'Adultera* in der Galerie gespeist. Nimmt der Hof von der Massenabspeisung Abstand und läßt das Ballsouper an kleinen Tischen servieren, so hat Tante Amélie, die Guser Gräfin, schon immer nach dem Theater an kleine Tische mit je sechs Couverts geladen. Klagt ein Zeitgenosse über »die Absonderung der Kasten und standesgemäße Gliederung« der Gesellschaft, so gelingt es auch Fontanes Liebenden fast nie, die Grenzen ihres Standes, die sie verinnerlicht haben, zu überwinden.

Die Baronin Spitzemberg, Diplomatenfrau, erwähnt in ihren Tagebüchern immer wieder die Hoffähigen, die es nicht leiden konnten, daß die Hochfinanz zu ihren Diners geladen wurde, denn jeder wolle dann auch seine Frau mitbringen, »was wiederum den Frauen der ersten Gesellschaft unangenehm sein könne«. Sie mokiert sich über »echt bürgerliche Berliner Abendgesellschaften mit Tee und Souper … und Frauen … ganz schrecklich in ihrem Aufzuge und der Art, wie sie stocksteif auf ihren Sofaplätzen saßen …« Ein »echt bürgerliches Berliner Souper« war ein warmes Abendessen, das aus mehreren Gängen bestand. Es begann zwischen fünf und sieben Uhr, wobei sieben eleganter war, und endete um halb zehn oder halb elf. »*… und es war bereits gegen zehn, als der Diener meldete, daß der Wagen vorgefahren sei*«, heißt es bei den van der Straatens in *Cécile*.

Der angebrochene Abend

Was aber machte man mit dem angebrochenen Abend? Fontane beschreibt das immer wieder. »Man«, das waren natürlich nur die Herren. So begibt sich Lewin von Vitzewitz, der nach dem Christfest gleich wieder nach Berlin reiste, sofort zur Weihnachtsbowle in Mundts Weinkeller an der Königsbrücke 3 zwischen Königsstraße und Alexanderplatz. Dorthin sind die Mitglieder der Dichtervereinigung »Kastalia« auf neun Uhr eingeladen. *»Besser spät, als gar nicht.«*

Das Lokal ist anheimelnd, *»eine gute Beleuchtung, ein Feuer im Ofen, ein langer weißgedeckter Tisch, dessen Plätze so gelegt waren, daß sie den Gästen einen freien Blick auf die Spree gönnten.*

An den Fenstern vorbei, die fast die ganze Höhe des Zimmers hatten und bis auf den Fußboden niedergingen, bewegte sich ein bunter Weihnachtsverkehr, eine Art Newamesse. Schlittschuhläufer mit Stocklaternen, Waldteufeljungen, kleine Mädchen mit Wachsengeln, alles zog wie eine Erscheinung, mal hell mal dunkel, an unseren Fenstern vorüber und von der Königsbrücke her klang das Schellengeläute der Schlitten und der gedämpfte Lärm der Stadt.« Dazu reichen als Imbiß eine Bowle und die Pfefferkuchen aus der Weihnachtstüte.

Adolph Menzel, *Die Gesellschaft ist aus.* 1860

Für die Dichtervereinigung »Kastalia« nahm Fontane den *Tunnel über die Spree* zum Vorbild, seinen eigenen »Sonntags-Verein zu Berlin«, der nach dem gerade entstandenen und als technisches Wunderwerk bestaunten Tunnel unter der Themse benannt war und dem Fontane viele Jahre angehörte. Hier wie da trafen sich Studenten, Aristokraten, Offiziere, Journalisten und Künstler, die neue Intelligenz, liberal und kritisch. Man las sich Gedichte und Prosatexte vor, über die dann diskutiert wurde. Essen und Trinken spielten nur insofern eine Rolle, als sie zur Geselligkeit gehörten.

Die Weihnachtsbowle in Mundts Weinkeller mit den Resten aus der Weihnachtstüte

Das Eintreten eines Küfers, in vorschriftsmäßiger Lederschürze, unterbrach die Rede. Er trug eine Bowle auf, und die große Weihnachtstüte begann zu cursiren, die, neben rheinischen Wallnüssen, einige Pakete französischer Pfefferkuchen enthielt. Jürgaß hatte den Vorsitz. ›Ich heiße Sie willkommen‹, nahm er abermals das Wort. ›Hinsichtlich der Tüte empfehl' ich weise Sparsamkeit; ihr Inhalt ist momentan unersetzlich. Aber die Bowle hat einen Zuschuß zu gewärtigen, eventuell mehrere.‹

Die Gläser klangen zur Begrüßung zusammen …«

Weihnachtsbowle
2 Flaschen leichten Moselwein
1 Flasche Rheinwein
3–4 Zwergorangen
Gewürznelken
evtl. 1 Flasche Champagner

Den gekühlten Wein auf die mit Nelken besteckten Zwerg- oder Bitterorangen gießen, die nach 30 Minuten herausgenommen werden. Gekühlt servieren und nach Belieben mit Champagner aufgießen.

Pfefferkuchen
nannte man im vorigen Jahrhundert alle Gebäckarten mit Honig oder Sirup, die mit tropischen Gewürzen versehen wurden, weil man diese bei ihrem Auftauchen auf dem europäischen Markt pauschal als Pfeffer bezeichnet hatte. So haben auch die Pfeffersäcke mit allem anderen als nur mit Pfeffer gehandelt, aber manche Wörter ändern sich nie.

Französischer Pfefferkuchen
300 g Honig
250 g Zucker
500 g Mehl
300 g ungeschält gemahlene Mandeln
150 g feingewürfeltes Zitronat
150 g feingewürfelte Pomeranzenschalen
2 TL gemahlener Zimt
1 TL gemahlener Kardamom
1/2 TL gemahlene Nelken
1/2 TL gemahlener Ingwer
250 g geschälte halbierte Mandeln
Zuckerglasur aus etwa 200 g Puderzucker und 1 EL Zitronensaft

Den Honig in einem großen Topf erwärmen, den Zucker hinzufügen, alles ineinanderschmelzen lassen. Dann die Gewürze hinzugeben, alles umrühren und die Masse abkühlen lassen. Unterdessen das Mehl mit den gemahlenen Mandeln vermengen, in der Mitte eine Vertiefung machen, die Honigmasse hineingießen und alles miteinander zu einem nicht zu weichen Teig kneten. Eventuell noch etwas Mehl hinzugeben. Aus dem Teig eine runde Kugel formen, diese mit Mehl bestreut in eine Schüssel geben und zugedeckt oder in Folie gewickelt über Nacht ruhen lassen. Am nächsten Tag den Backofen auf 180–190°C vorheizen, den Teig nicht zu dünn ausrollen, zu Rechtecken schneiden, mit halbierten Mandeln verzieren, mit gehörigem Zwischenraum auf das Backtrennpapier auf dem Backblech setzen, auf die mittlere Schiene des Backofens schieben und in etwa 12–15 Minuten backen. In einer gut verschlossenen Blechdose aufheben, damit sie nach etwa einer Woche so weich werden, wie sie sein sollen. Dann überzieht man sie mit Zuckerglasur. Moderne Rezepte ergänzen dieses Pfefferkuchenrezept gern durch zwei oder drei Eier. Man sollte beides ausprobieren, das alte aus der Hugenottenzeit und das aus unserer, und kann dann entscheiden, was einem besser schmeckt.

So wird in *Vor dem Sturm* der Punschgenuß am »angebrochenen Abend« beschrieben: ein Herrenvergnügen.

Punsch, Bowle und Grog waren in der Kaiserzeit sehr beliebt. Kalte und heiße Punsche wurden in Casinos und Clubs – von Herren – nach dem Abendessen »gebraut«, wie das Modewort hieß, wobei Einfall und Laune die seltsamsten Blüten trieben. Ein Gastronom schrieb von der »Sucht«, der eine Anzahl von »ganz unsinnigen Punschrezepten« zu verdanken sei, »die bei einem Feinschmecker ein gelindes Gruseln erregen können«.

Friedrich Schiller dichtet in seinem *Punschlied*: »Vier Elemente, / innig gesellt, / bilden das Leben / bauen die Welt«, dessen Daktylen ihm einen beschwingten Walzertakt verleihen, der wohl zu göttlicher Trunkenheit paßt. Doch was den Punsch betrifft, so hatte er seiner Idee der vier Grundelemente des Lebens das richtige Rezept des Getränks geopfert. Denn der Punsch basiert auf fünf Zutaten. Sein Rezept war von England auf den Kontinent gelangt, und die Engländer hatten es aus ihrer Kronkolonie Indien, der Perle in der Krone, übernommen. »Pantscha« ist das hindustanische Wort für fünf, und jeder echte Punsch setzt sich aus fünf Zutaten zusammen.

Säure: Das ist der Zitronensaft. Süße: Das ist der Zucker, damals der geklärte Hutzucker. Geist: Das sind Rum, Arrak, Cognac oder ähnlich Hochprozentiges. Wasser und Würze: Das sind Muskatnuß, Tee oder Pomeranzenschale.

»Man trinkt den Punsch«, kann man in einem alten Lexikon lesen, »meist in geselligen Kreisen, warm oder kalt, mit oder ohne Zusatz von Wein, auch mit allerlei Fruchtsäften vermischt, und es gibt eine unendliche Verschiedenartigkeit von Punsch-Sorten, die sich ebenso durch ihre Zubereitungsweise voneinander unterscheiden. Mäßig zu passender Zeit genossen, ist Punsch nicht nur ein unschädliches, sondern oft sogar ein der Gesundheit zuträgliches Getränk, zum Beispiel bei nassem, kaltem Wetter, nach anstrengenden Fußtouren oder Reisen im Winter, Herbst und Frühjahr, doch darf man natürlich weder bei solchen Gelegenheiten noch in fröhlicher Gesellschaft des Guten zu viel tun, wenn man nicht unangenehme Folgen davon verspüren will. Ein aus guten, unverfälschten Bestandteilen auf rationelle Art zusammengesetzter Punsch wird übrigens selten oder nie Kopfweh verursachen ...«

Einen Punsch trinkt Mathilde Möhring mit ihrem Verlobten zu Silvester im Berliner Café Bauer, und das war ein fest- und feierliches Ereignis. Kirschpunsch trinken die Bauern im Krug bei den Vitzewitzens, und das war der anregende Schluck zu dem Dorfklatsch, und Leo von Poggenpuhl trinkt zum Aufwärmen einen Eierpunsch *»aus Ungarwein und Gelbei«*.

Punch romaine, den man auf den Speisekarten jener Zeit findet, ist jedoch ein Halbgefrorenes, das – wie Sorbet – ein erfrischendes Zwischenspiel im üppigen Diner oder Souper darstellt.

Auch die **Bowle** stammt aus England und heißt nach dem Gefäß, in dem sie gemischt wird, der *bowl*, also: der Schüssel oder der Terrine. Und wenn der Punsch im Winter seine Zeit hat, so stand die Bowle im Sommer auf dem Tisch, besonders gern an milden Abenden, wenn man schon im Freien sitzen und trinken konnte, und diente als Erfrischung nach Tisch oder bei Bällen und anderen großen Gesellschaften. Sie sollte die »vom Sprechen oder Singen trocken gewordene Zunge netzen«, denn nach dem Essen blieb man gern an der Tafel sitzen und sang mehrstimmig alte Volks- und Kunstlieder: Das war der Ursprung des Wortes und des Begriffes Liedertafel, einer beliebten Abendunterhaltung derer, die kein Instrument spielten und keins bei sich hatten. »Aus diesem Grund«, mahnte ein herzoglicher Küchenmeister, »soll eine Bowle niemals so zusammengesetzt werden, daß sie berauscht, sondern sie soll dazu beitragen, die Gesellschaft, wie man zu sagen pflegt, in Stimmung zu bringen – und frohe Laune auszulösen.«

Seine »goldenen Regeln«: den Haupt- oder Grundgeschmack

zu wahren und nicht mit vielen oder unpassenden Zutaten zu übertäuben. Deshalb: »Nimm nur die feinsten Zutaten. Halte stets den Mittelweg beim Abschmecken ein. Setze nie zu wenig Bowle an, da eine Neuauflage selten so ausfällt wie die erste.«

Offensichtlich war die Chemie der Getränke noch nicht so erforscht wie heute, denn die Bowlen für den Damentee, die man zur Torte servierte, oder für Gartenfeste oder einen *Thée dansant* sollten für die Damen, »da sie etwas mehr Süßigkeit lieben«, stärker gezuckert sein. Am beliebtesten war die Ananasbowle, außerdem Lindenblüten-, Rosen-, Veilchen- oder Weinblüten-Bowle. Damen tranken die Bowle aus zierlich geschliffenen Gläsern, Herren aus schlichten Bechergläsern.

Die **Kalte Ente**, die erfrischendste Sommer-Bowle, ist auch eine Berliner Idee gewesen. 1870 ließ ein General von Pape, der im Sommer am Schluß des Diners keinen heißen Mokka trinken mochte, ein »kaltes Ende« auftragen: zwei Flaschen Mosel und eine Flasche Sekt mit einem Kringel Zitronenschale als Aroma, das Ganze gut gekühlt. Die Neigung der Berliner zu Wortspielen machte aus dem kalten Ende ziemlich bald die »Kalte Ente«.

Aber das beste Rezept ist immer noch das der **Maibowle** bei Sala Tarone, die Schach von Wuthenows Freunde, Alvensleben, Bülow und Sander, nach dem Diner bei Frau von Carayon trinken wollen. *»Die Turmuhren auf dem Gendarmenmarkt schlugen elf, als die Gäste der Frau von Carayon auf die Behrenstraße hinaustraten und nach links einbiegend auf die Linden zuschritten.«*

Dort an der Ecke lag die *»Italiener Wein- und Delikatessenhandlung von Sala Tarone«*. Die Herren müssen sich durch einen Gang, über einen Hof, an Öl- und Weinfässern und Zitronen- und Apfelsinenkisten vorbeizwängen und gelangen *»mit Hilfe von vier oder fünf steilen Stufen in eine mäßig große Hinterstube«*, nehmen Platz, und dann wird bestellt. *»Das Geringste, was ich von einem solchen hundstäglichen April erwarten kann, sind Maikräuter, Asperula* *odorata Linnéi … Von dem Vorhandensein frischer Apfelsinen haben wir uns draußen mit Gefahr unseres Lebens überzeugt, und für den Mosel bürgt uns die Firma.*«

Doch dann wird die echte Maibowle beschrieben, nicht die mit Apfelsinen: »›… *Also Maikräuter. Und nicht lange ziehen lassen. Waldmeister ist nicht Kamillentee. Der Mosel, sagen wir ein Zeltlinger oder ein Brauneberger, wird langsam über die Büschel gegossen; das genügt. Apfelsinenschnitten als bloßes Ornament. Eine Scheibe zuviel macht Kopfweh. Und nicht zu süß, und eine Cliquot extra. Extra, sag ich. Besser ist besser.*‹

Damit war die Bestellung beendet, und ehe zehn Minuten um waren, erschien die Bowle, darauf nicht mehr als drei oder vier Waldmeisterblättchen schwammen, nur gerade genug, den Beweis der Echtheit zu führen.

›*Sehen Sie, Fritz, das gefällt mir. Auf mancher Maibowle schwimmt es wie Entengrütze. Und das ist schrecklich. Ich denke, wir werden Freunde bleiben. Und nun grüne Gläser.*‹

Alvensleben lachte. ›*Grüne?*‹

›*Ja. Was sich dagegen sagen läßt, lieber Alvensleben, weiß ich und laß' es gelten. Es ist in der Tat eine Frage, die mich seit länger beschäftigt, und die, neben anderen, in die Reihe jener Zwiespalte gehört, die sich, wir mögen es anfangen wie wir wollen, durch unser Leben hinziehen. Die Farbe des Weins geht verloren, aber die Farbe des Frühlings wird gewonnen, und mit ihr das festliche Gesamtkolorit. Und dies erscheint mir als der wichtigere Punkt. Unser Essen und Trinken, soweit es nicht der gemeinen Lebensnotdurft dient, muß mehr und mehr zur symbolischen Handlung werden, und ich begreife Zeiten des späten Mittelalters, in denen der Tafelaufsatz und die Fruchtschalen mehr bedeuteten, als das Mahl selbst.*‹«

Das war die Nahrungsphilosophie der damaligen Zeit, und sie verging erst, als die Ernährungslehre erfunden und die Definition der Lebensmittel eine Frage der Chemie wurde.

Der **Grog** nun ist die Seemannsspielart dieser Getränke, die jedoch auch im Binnenland rasch beliebt wurde. Grog besteht aus Rum oder Arrak, auch Cognac, mit heißem Wasser verlängert und mit Kandis oder Rohrzucker gesüßt. Er wurde 1740 in der britischen Marine von Admiral Vernon eingeführt, um die Seeleute davon abzuhalten, den Rum so pur wie Wasser zu trinken.

Dieser Admiral nun trug am liebsten Röcke aus Grosgrain, einem sehr wetterfesten Stoff aus grober Seide und Kamelhaar, und wurde dieser Neigung wegen Old Grog genannt, und so gab dieser Spitzname wiederum dem Getränk seinen Namen. Leo Poggenpuhl trinkt nach Tisch bei Helms einen Grog oder Schokolade mit Schlagsahne.

Nicht einmal Wasser braucht man für das, was Theodor Fontane selbst als Labsal bei naßkaltem Wetter *»in den Tagen der Okkupation«* kennenlernte: **Knickebein.**

»›Knickebein?‹ frag ich verwundert und wie im bangen Echo ... Alsbald erschienen fünf Gläser, fünf Eigelb und zwei geschliffene Flaschen mit Cognac und Anisette. Von Hals und Kehlkopfs wegen sucht ich zu protestieren, aber allgemeine Heiterkeit und die Versicherung: ›Dafür ist ja das Eigelb; Eigelb dämpft‹, antworteten mir. So ging ich denn mutig vor. Aber, o Knickebein, deiner will ich gedenken: ein solches Bein war mir lange nicht gestellt worden.«

Ein solides Nachtleben bis Sonnenaufgang

Während Lewin von Vitzewitz in Mundts Weinkeller Bowle trank, kreuzten sich draußen die Wege der Equipagen mit denen der anderen ein- und zweispännigen Wagen, mit den gemieteten Droschken, den behäbigeren Gefährten derjenigen, die sich keinen eigenen Kutscher, keinen Stall mit Pferd und Remise mit Wagen in der Stadt leisten konnten, und mit denen, die zu Fuß durch das nächtliche Berlin stromerten, bis zum Morgengrauen, falls sie wie der *»Potsdamer Assessor Gansauge, der zu dem fünftöchtrigen Ge-*

heimrat Sturzius zu Tee und zu Tanz geladen war, und weil er sich leichtsinnig verpflichtete, Fräulein Therese Notlage nach Hause zu bringen, den um 1 Uhr gehenden Verbrecherzug versäumt (den sogenannten ›Lumpensammler‹)«.

Doch, wie Fontane in *Cafés von heut und Konditoreien von ehmals* erzählt, die »*Reststunden eines ›angebrochenen Abends‹ einigermaßen standesgemäß zuzubringen und von 1 bis 6 Uhr ein solides Nachtleben zu führen, macht zur Zeit in unserem lieben Berlin nicht die geringsten Schwierigkeiten*«.

Trifft man zum Beispiel um zwei Uhr nachts im Café Bauer ein, so ist »*Alles noch voll und belebt, sogar heiter, soweit die Gäste mitsprechen. Aber anders das andere. Die Gaslichter zeigen bereits einen Ton, als wäre Gaze darüber gebreitet, und die Bilder an den Wänden erscheinen wie Schemen und beginnen der Lust derer, auf die sie herabblicken, einen sonderbaren Anstrich zu geben. Unsere Freunde jedoch bleiben unbeeinflußt von dem Gespenstischen der Szene.*«

Sie reden und trinken. »*Die Gaskronen verschleiern sich immer mehr, und selbst der Tapfersten bemächtigt sich ein Gefühl von der Zeitgemäßheit eines geordneten Rückzuges; und siehe da, ehe der Hahn kräht, wird er tatsächlich angetreten. Aber es ist erst drei. Wohin? … Kaiserhof! Unsere Freunde brechen auf, eine ziemliche Strecke … und nach glücklicher Erreichung der Mohrenstraße wird alsbald auch der Kaiserhof gewonnen. Er macht den Eindruck wie jemand, der später aufsteht und deshalb auch später müde wird … und nur die Genuß- und Verpflegungsfrage beginnt unsern Neueingetretenen einige Schwierigkeiten zu bereiten. Man kann mit Kaffee nicht bis ins Unendliche gehn. Also Sodawasser mit Kognak … In den leer gewordenen Ecken wird das Gas ausgeschraubt, alles deutet auf Schluß, aber immer langsamer rückt der Zeiger vor … Endlich Dämmerung. Gott sei Dank. Und mit ihr zugleich ziehen graue Gestalten herauf und beginnen Wasser zu sprengen und die Stühle, die vier Beine nach oben, auf die Tische zu packen … Jetzt ist es Zeit, um 5½ ist der Bahnhof erreicht, und ehe noch dreimal 10 Minuten verstrichen sind, rasselt der Frühzug über Kanal und Viadukt dahin und gibt die Potsdamer ihrer Stadt und ihrem Berufe zurück.«*

Schokolade für Nachtschwärmer

Früher, schrieb Fontane in demselben Kapitel über *Cafés von heut und Konditoreien von ehmals*, *»vor vierzig Jahren«*, war alles *»weniger bequem«*. Nach einer Polterabendprobe mit anschließendem Souper am Alexanderplatz, das bis ein Uhr nachts dauerte, fanden er und ein Dichterfreund, als sie *»endlich in die milde Juninacht«* hinaustraten, es sei noch zu früh zum Heimgehen. Sie beschlossen, den Sonnenaufgang im Tiergarten zu erleben, und wanderten *»auf den Mühlendamm zu«*, wo ein Italiener, Giuseppe Fiocati, *»hart an der schluchtartig hier einmündenden Fischerbrücke seine Konditorei hatte«*.

Sie stiegen über Zaun und Gerümpel, klopften den Mann heraus, der sich nur die Konditormütze aufstülpte und ihnen auf die damals übliche Art eine heiße Schokolade zubereitete, eine Spezialität der Italiener und Sizilianer: *»… mit allem ausgerüstet, was er zur Herstellung der ›Cioccolata‹ nötig hatte: ein Napf, um Spiritus hineinzugießen, und ein Dreifuß mit Rand, in welch letztren ein hohes kegelförmiges Blechgefäß hineinpaßte. In diesem stand ein Quirl. Nun Cioccolata samt Wasser hinein, den Spiritus angesteckt, und eine Minute später begann auch schon jenes virtuos geräuschvolle Quirlen, dessen nur ein italienischer Konditor fähig ist. Endlich war alles fertig, und das Blechgefäß samt Quirl erschien au naturel in unsrer Mitte, will sagen gänzlich unberaubt jener Ornamentik von Spritzflecken und braunen Rinnen, die das rasende Quirlen mit sich gebracht hatte. Dazu die bekannten Korianderbisquitchen, aber nicht in der herkömmlichen Dreizahl, sondern übereinandergetürmt, pyramidal.«*

So brachten die beiden eine Stunde hin. *»Der Wächter pfiff, und um St. Nicolai herum lag schon ein Tagesschimmer.«* Nun also in den

Tiergarten. »*Um 5 Uhr ist Frühkonzert im Hofjäger.*« Weil aber bis dahin noch viel Zeit war, machten die beiden den »*Umweg über Charlottenburg*«.

»*Und nun ging es an den Zelten hin*«, die Spree entlang, es wurde gesungen, und endlich »*fiel das reflektierte Frühlicht auf die Charlottenburger Schloßkuppel, und wieder eine Stunde später, so saßen wir wirklich beim Hofjäger, gleich begierig auf Musik und Morgenkaffee. Das war Anno 42.*«

»*Von meinem vielgeliebten Adel falle ich mehr und mehr ganz ab ...*« Das war Berlin im Staats- und Standesglanz des Tages und des Abends, Berlin in Nacht und Dämmerung, den Freiräumen der Bürger.

In Fontanes Romanen fällt jedoch kein Wort über den Hof der Hohenzollern, der für knapp 50 Jahre zum deutschen Kaiserhof wurde und Maßstäbe setzte, sondern nur über dessen Wirkung. Er entsprach dem, was die Menschen sich wünschten: Sie steckten sich die Haare wie Kaiserin Friedrich auf und bürsteten sich den Schnurrbart wie Kaiser Wilhelm II. Die jungen Leutnants sahen gern schneidig aus, und wenn die Uniform saß und paßte, so brauchten sie sich kaum über etwas Gedanken zu machen. Beförderungen hielten das zivile und militärische Leben in Gang. Anstand, Gehorsam und Aufrichtigkeit und alle weiteren Bürgertugenden gehörten ohnehin zu dem, was von allen akzeptiert und eingehalten wurde, so daß ein Mensch, vor allem ein Mann, keinen Charakter zu haben brauchte. Das Gerüst der allgemeinen Schicklichkeit hielt ihn und hielt ihn zusammen.

So deckten die Damen ihre Tische wie die Kaiserin oder die Kronprinzessin, und die Aussteuerschränke waren so umfangreich, daß wir noch mit den bruchstückhaften Resten dieser Pracht genug für die eigene demokratische Gala haben. Aber es sitzt eine Verlockung in diesem Glanz aus Damast und Glas und

Porzellan und Silber, daß wir ihn unbewußt immer noch als äußersten Maßstab erkennen und selbst unseren eigenen Stil in Repräsentanz oder Schönheit manches Mal im Vergleich mit diesem Ideal definieren.

Fontane zeigt, was diese moralischen und ästhetischen Prinzipien der monarchischen und der Kaiser-Gesellschaft aus den Untertanen machten. Vom Prinzen bis zum Wilddieb sind alle ihre fernen Spiegelbilder. Jede Tugend hat – wie die Ethik lehrt – ihre Extreme, ihre Übertreibungen und ihre Zerrbilder, und wenn Fontane in *Cécile* die *»Pilzchen«* der Frau von Zacha beschreibt, die Mandeln, die als Stiele in dicke Rosinen gebohrt werden, verspielte Kreationen, die aber nichts als den Hunger einer Gesellschaftsklasse überdecken sollen, einer Schicht, die aus Standesgehorsam hungern muß, weil sie nicht arbeiten darf, so weist dieser anmutige Irrsinn der *»Pilzchen«* nur darauf hin, wie weit die selbstverständliche Contenance ging und wie man die persönliche Verzweiflung zu vertuschen hatte. *»Aber glaube nur nicht, daß ›Pilzchen‹ wirklich Pilze gewesen wären. Pilzchen waren große Rosinen, in welche von unten her halbe Mandelstücke gesteckt wurden. Das war mühevoll genug, und mit Anfertigung davon verbrachte Frau von Zacha den ganzen Vormittag, um die Götterspeise dann mittags auf den Tisch zu bringen. Inmitten des Schüsselchens aber lag, um auch das nicht zu verschweigen, eine besonders große Rosine, die nicht nur den ihr zuständigen Mandelfuß hatte, sondern auch noch von zwei horizontalliegenden und ebenfalls aus Mandelkern geschnittenen Speilerchen kreuzartig durchstochen war. An den vier Spitzen dieser Speilerchen saßen dann ebenso viele kleine Korinthen und stellten das* morceau de résistance *her, das in der Sprache der Zachas* ›le Roi Champignon‹ *hieß. Eine Bezeichnung, von der die Leute sagten, daß sich sowohl der Witz wie das damalige Französisch der Familie darin erschöpft habe.«*

Die Poggenpuhls konnten andererseits gelassen an der nackten Käserinde nagen – das beschämte sie nicht. Sie waren eine frohe

Familie, manche adelsstolz, manche voll Lebenslust dabei, die Schranken der Konvention zu übersteigen, und schon das machte aus der Käserinde etwas ganz anderes als das gleiche Symbol der Armut auf einem Arbeitertisch.

1895 schrieb Fontane in sein Tagebuch: »*Die mittlerweile beendeten Poggenpuhls ... wurden abgelehnt, weil der Adel in dem Ganzen eine kleine Verspottung erblicken könne – ein totaler Unsinn. Es ist eine Verherrlichung des Adels, der aber, so viel kann ich zugeben, klein und dumm genug empfindet, um das Schmeichelhafte darin nicht herauszufühlen ...*«

In dieser Zeit, am Ende seines Lebens, distanzierte sich Fontane von dem Adel, den er so oft und so eindrücklich beschrieben hatte. 1894 schrieb er an seinen alten Freund Friedlaender: »*Von meinem vielgeliebten Adel falle ich mehr und mehr ganz ab, traurige Figuren, beleidigend, unangenehme Selbstsüchtler von einer mir ganz unverständlichen Borniertheit ... Alles antiquiert! Die Bülows und Arnims sind zwei ausgezeichnete Familien, aber wenn sie morgen von der Bildfläche verschwinden, ist es nicht bloß für die Welt (da nun schon ganz gewiß), sondern auch für Preußen und die preußische Armee ganz gleichgültig, und die Müllers und Schultzes rücken in die leergewordenen Stellen ein. Mensch ist Mensch ...*«

Und noch schärfer, ebenfalls an Friedlaender, 1897: »*Preußen – und mittelbar ganz Deutschland – krankt an unsren Ostelbiern. Über unsren Adel muß hinweggegangen werden; man kann ihn besuchen wie das Ägyptische Museum und sich vor Ramses und Amenophis verneigen, aber das Land ihm zu Liebe regieren, in dem Wahn: dieser Adel sei das Land – das ist unser Unglück ...*«

Der Ausweg? In einem seiner Romane führt der Weg nach Amerika, in die jungen Vereinigten Staaten. Der Ausweg in Preußen lag näher, als Fontane ahnte. Der Kaiser zettelte einen Krieg an, den er verlor, ließ seine Untertanen 1918 im Stich und zog sich mit 40 oder 50 Güterwagen voll Tellern und Kristall und Silberleuchtern und Damastdecken in ein Schloß in den Niederlanden zurück, die so viel zu Brandenburgs Blüte beigetragen hatten. Dort schnurrte das Hofzeremoniell mit Menschen und dem nötigen Material Jahrzehnte weiter, während Berlin zu der NS-Hauptstadt Germania werden sollte und dann in Trümmer fiel.

Wer den Rest der Teller und Gläser, die aus diesen Trümmern gerettet sind, heute wieder auf seinen Tisch stellt, wer sich wieder ganz neu von der Pracht dieses Stils gefangennehmen läßt, wer bei Fragen des guten Tons auf die Relikte des Zeremoniells und des Protokolls stößt, der berührt noch einmal – ob er es will oder nicht – diese Jahrzehnte, die Theodor Fontane beschrieben hat.

Der Tageslauf der Mahlzeiten

Der Tageslauf der Mahlzeiten begann sich während des Fontaneschen Jahrhunderts zu egalisieren, und wenn Unterschiede bestehenblieben, so ergaben sie sich durch den Rhythmus der jeweiligen Arbeit.

Auf dem Lande wurde nach wie vor die Frühkost vorm Melken und vor der Feldarbeit gekocht. Das war der Morgenbrei.

Die Arbeiter und die Arbeiterinnen in der Stadt tranken ebenso früh den Zichorienkaffee, dazu ein Stück Brot, entweder in den Kaffee gebrockt oder dazu gegessen. Sie versuchten, mit einer Schrippe oder einem Knust Brot über den Tag zu kommen, und abends, nach der Arbeit, gab es Kartoffeln und Hering oder Leinöl. Oder Sauerkraut mit Stampfkartoffeln.

Auf dem Lande war das zweite Frühstück gegen acht oder neun Uhr meist das erste der Familie, Mittagessen gab es nach dem Zwölf-Uhr-Läuten, und Abendessen kam wie bei Vitzewitzens und Stechlins um sieben auf den Tisch. Man ging früh zu Bett, weil man früh wieder herausmußte und weil man noch mit dem Tageslicht lebte, also die frühe Morgensonne nutzte, um abends die Kerzen oder das Petroleum zu sparen.

Die Stadt hatte ihre eigenen Gesetze, die auch von denen, die aus gesellschaftlichen Gründen nach einem anderen Rhythmus lebten, als normal akzeptiert wurden. Das Frühstück spielte keine erhebliche Rolle, und im bürgerlichen und großbürgerlichen Haushalt wurde ein zweites Frühstück mit mehr Behagen genossen. Bei *Cécile* als Frühstück auf Schweizer Art mit zwei Eiern, Mokka und Wabenhonig oder wie in *L'Adultera:* »... *van der Straaten und Frau nahmen wie gewöhnlich in dem hochpaneelierten Wohn- und Arbeitszimmer des ersteren ihr gemeinschaftliches Frühstück ein. Von dem beinah unmittelbar vor ihrem Fenster aufragenden Petrikirchturme herab schlug es eben neun ... Alles atmete Behagen, am meisten der Hausherr selbst, der, in einen Schaukelstuhl gelehnt und die Morgenzeitung in der Hand, abwechselnd seinen Kaffee und den Subskriptionsballbericht einschlürfte. Nur dann und wann ließ er seine Hand mit der Zeitung sinken und lachte.*«

Das Frühstück des Herrn von Ladalinski in der Königstraße

Um so eleganter war der Imbiß, den Geheimrat von Ladalinski, der Schwager der Gräfin Pudaglia, in seinem Palais in der Königstraße um zehn Uhr zelebrierte. Ladalinski, gebürtiger Pole, seit der dritten polnischen Teilung Preuße und preußischer Geheimrat, *»preußischer als die Preußen selbst«.*

»Das Haus, das der Geheimrath von Ladalinski bewohnte, lag in der Königsstraße, der alten Berliner Gerichtslaube schräg gegenüber. Es war ein aus dem Anfange des vorigen Jahrhunderts stammender, damals auf Geheiß König Friedrichs I. aufgeführter Spätrenaissancebau, der an seiner Façade durch mannigfache geschmacklose Restaurationen gelitten, im Innern aber seine frühere Stattlichkeit vollkommen beibehalten hatte. Namentlich galt dies, neben Hof und Treppe, von dem ganzen ersten Stock, in dem die Empfangs- und Gesellschaftsräume lagen … An diese Gesellschaftsräume schlossen sich nach rechts und links hin zwei kleinere Zimmer, einfenstrig mit breiten Wandflächen, die, weil mehr benutzt, auch mehr eingebüßt und von ihrer ehemaligen reichen Ausschmückung nur die Deckenbilder, darunter ein ›Nacht und Morgen‹ und einen ›Sturz des Phaeton‹ gerettet hatten.

Das eine dieser beiden kleineren Zimmer war das geheimräthliche Arbeitskabinet, dessen der Thür gegenüber befindliche Längswand von zwei hohen, eine ganze Registratur bildenden Aktenregalen eingenommen wurde. Zwischen diesen Regalen auf einem freigebliebenen Wandstreifen hing das Bildniß einer schönen jungen Frau, deren Aehnlichkeit mit Kathinka unverkennbar war. Dasselbe ins röthliche spielende, kastanienbraune Haar, vor allem derselbe Augenausdruck, so daß das einzige, was abwich, das minder scharfgeschnittene Profil, als etwas gleichgiltiges erscheinen konnte. Durch die halbe Länge des Zimmers hin zog sich ein großer Arbeitstisch; er stand so, daß das Auge des Geheimraths, wenn er aufsah, das schöne Frauenporträt treffen mußte.

Im übrigen hatte das Kabinet manches, was an die Einrichtung eines Junggesellenzimmers erinnerte. Neben dem altmodischen, mit Bildern aus der biblischen Geschichte geschmückten Ofen machte sich ein ziemlich großer, aber flacher und mit rothen Tuchflicken angefüllter Korb bemerkbar, der einem englischen Windspiel als Lagerstätte diente, während in einem in der Fensternische stehenden Glasbassin mehrere Goldfischchen ihr munteres Spiel trieben. Die halb herabgelassenen Rouleaux dämpften das ohnehin nur mäßig einfallende Licht; alles war Wärme und Behagen.

Die kleine Pendule schlug eben zehn, als der Geheimrath eintrat, ein Sechziger, groß und schlank, das kurzgeschnittene graue Haar voll und dicht nach oben gerichtet. Er trug einen veilchenfarbenen Sammtschlafrock, unter dem er sich in bereits sorglichster Toilette zeigte. Seine Haltung, vor allem die Adlernase, gaben ihm etwas entschieden Distinguirtes. Das Windspiel drängte sich an ihn, um ihn respektvoll aber verdrießlich zu begrüßen …

Ein eintretender Diener brachte die Chokolade, und ehe er noch das Zimmer wieder verlassen hatte, kam schon das Windspiel aus seinem Korbe herbei, diesmal nicht verdrießlich, und drängte sich an die Seite seines Herrn. Der Geheimrat lächelte und warf ihm die Bisquits zu, denen diese Zärtlichkeit gegolten hatte. Erst jetzt nahm er einen Brief wahr, der auf demselben Tablett lag und die charakteristischen Schriftzüge Tante Ameliens zeigte …«

Das zweite Frühstück

Beim alten Stechlin hatten die großstädtischen Sitten schon eine Veränderung bewirkt und die Art und die Zutaten des alten ländlichen Frühstücks beeinflußt. Stechlin *»nahm Czakos Arm, um vom Garten her auf die Veranda, wo Engelke mittlerweile unter der großen Markise den Frühstückstisch hergerichtet hatte, zurückzukehren … ›Ich habe neuerdings den Tee eingeführt, das heißt nicht obligatorisch; im Gegenteil, ich persönlich bleibe lieber bei Kaffee …‹*

›Übrigens … darf ich Ihnen nicht noch von diesem gebackenen Schinken vorlegen?‹«

Denn so war das in Berlin: Manchmal hatte das zweite Frühstück schon die Bedeutung eines kleinen warmen Mittagessens. Melanie van der Straaten nimmt mit den Kindern um neun Uhr das erste Frühstück, gegen zwölf mit der Mutter das zweite, und Lewin Vitzewitzens Freund Jürgaß lud zum Déjeuner ein. Seine Frühstücke am *»runden Tisch«*, um 12 Uhr, waren »berühmt, nicht nur durch ihre Auserlesenheit«, und sie dauerten bis 18 Uhr.

Bei Schach von Wuthenow dagegen erscheint die Tante um zwölf, aber erst um drei Uhr gibt es Essen. Danach fährt man mit Pferd und Wagen *»auf die Dörfer«*, ins Gasthaus zum Kaffee.

Auch diese Verschiebung gefiel dem Stechlin: *» … und zum Abschluß ein zweites Frühstück, eine altmodische Bezeichnung … ›Zweites Frühstück‹ hat etwas ausgesprochen Behagliches und gibt zu verstehen, daß man ein erstes schon hinter sich hat …«*

Berliner Biskuit

300 g Butter, 300 g Zucker
1/2 Schote Vanille
400 g Mehl, 5 Eier
evtl. Mandeln, Puderzucker oder Zitronenglasur

Die Butter mit Zucker schaumig rühren, die Vanilleschote aufschlitzen, das Mark herauskratzen und dazugeben, dann mit Mehl und einem Ei nach dem anderen zu einem festen Rührteig arbeiten, der entweder in Bärentatzenformen, gut ausgebuttert und ausgebröselt, oder in Papierförmchen gefüllt, in den auf 180°C vorgeheizten Ofen geschoben, mittlere Schiene, und goldgelb gebacken wird, was etwa 20 Minuten dauert.

Die Küchelchen kann man vorm Backen mit blättrig geschnittenen Mandeln bestreuen oder nach dem Backen mit Puderzucker bestäuben oder mit einer Zitronenglasur überziehen.

Das Diner bei Kommerzienrat Treibel in der Villa an der Spree

Die bürgerlichen Mittagessen und die Diners, die Fontane erwähnt, waren entweder einfach oder deftig und oft derb: Witwe Möhrings Setzeier mit den neumodischen Bratkartoffeln; die ebenfalls erst mit den Hugenotten gekommene Karbonade mit Rührkartoffeln, nach denen es in der Adlerstraße, mitten in der Altstadt, schon im Treppenhaus roch – eine Gegend, aus der sich Jenny Treibel wegzuheiraten befleißigte. Doch Lehnert Menz in Schlesien konnte nur von einer Kulmbacher und einem Schnitzel träumen und mußte sich mit Kaffee mit Cognac zu Butter und Brot begnügen – und der Hammelrücken, den es bei Treibels in der Villa am Spreeufer in der Köpenicker Straße zum vornehmen Diner mit *»rot und weißem Panaché«* um sechs Uhr gab, war eben noch kein Lammrücken und roch sicher streng. Aber er wurde stilvoll serviert.

»Das Eßzimmer entsprach genau dem vorgelegenen Empfangszimmer und hatte den Blick auf den großen parkartigen Hintergarten mit plätscherndem Springbrunnen, ganz in der Nähe des Hauses; eine kleine Kugel stieg auf dem Wasserstrahl auf und ab, und auf dem Querholz einer zur Seite stehenden Stange saß ein Kakadu und sah, mit dem bekannten Auge voll Tiefsinn, abwechselnd auf den Strahl mit der balancierenden Kugel und dann wieder in den Eßsaal, dessen oberes Schiebefenster, der Ventilation halber, etwas herabgelassen war. Der Kronleuchter brannte schon, aber die niedrig geschraubten Flämmchen waren in der Nachmittagssonne kaum sichtbar und führten ihr schwaches Vorleben nur deshalb, weil der Kommerzienrat, um ihn selbst sprechen zu lassen, nicht liebte, ›durch Manipulationen im Laternenansteckerstil in seiner Dinerstimmung gestört zu werden‹. Auch der bei der Gelegenheit hörbar werdende kleine Puff, den er gern als ›moderierten Salutschuß‹ bezeichnete, konnte seine Gesamtstellung zu der Frage

nicht ändern. Der Speisesaal selbst war von schöner Einfachheit: gelber Stuck, in dem einige Reliefs eingelegt waren, reizende Arbeiten von Professor Franz …

Draußen setzte der Wasserstrahl sein Spiel fort. Drinnen im Saal aber, in der Mitte der Tafel, die statt der üblichen Riesenvase mit Flieder und Goldregen ein kleines Blumenparkett zeigte, saß der alte Treibel, neben sich die beiden adligen Damen, ihm gegenüber seine Frau zwischen Leutnant Vogelsang und dem ehemaligen Opernsänger Adolar Krola …

Frau Jenny präsentierte sich in vollem Glanz, und ihre Herkunft aus dem kleinen Laden in der Adlerstraße war in ihrer Erscheinung bis auf den letzten Rest getilgt. Alles wirkte reich und elegant; aber die Spitzen auf dem veilchenfarbenen Brokatkleide, soviel mußte gesagt werden, taten es nicht allein, auch nicht die kleinen Brillantohrringe, die bei jeder Bewegung hin und her blitzten; nein, was ihr mehr als alles andere eine gewisse Vornehmheit lieh, war die sichere Ruhe, womit sie zwischen ihren Gästen thronte.«

Das Essen endete typisch für die damalige Zeit: Die Herren zogen sich zum Rauchen zurück. Treibel nahm *»Vogelsang unter den Arm und führte den Gerngehorchenden in sein neben dem Saale gelegenes Arbeitszimmer, wo der geschulte, diesen Lieblingsmoment im Dinerleben seines Herrn von lang her kennende Diener bereits alles zurechtgestellt hatte: das Zigarrenkistchen, den Likörkasten und die Karaffe mit Eiswasser … im selben Augenblick, wo beide Herren ihre Plätze eingenommen hatten, stand er auch schon mit dem Tablett vor ihnen und präsentierte den Kaffee.«*

Hammelrücken

»Dieser zarteste und saftigste Teil von Hammel braucht nicht so lange zu hängen wie eine Keule, sondern ist binnen vier bis fünf Tagen nach dem Schlachten zum Braten geeignet; man bereitet ihn ganz auf dieselbe Art wie die Keule, indem man ihn abhäutet, spickt und am Spieß oder im Ofen unter fleißigem Begießen auf Butter brät, wozu er etwas kürzerer Zeit bedarf als eine Keule. In England gibt man zu dem am Spieß gebratenen Hammelrücken eine Sauce von Johannisbeer-Gelee oder eine Portwein-Sauce.«

Das steht im Küchenlexikon aus der Fontanezeit. Heute verwendet man den Lammrücken, ein Stück von etwa 1 kg. Waschen, salzen, mit Olivenöl und gemahlenen Kräutern einreiben, mit der Knochenseite nach unten in einen Bräter legen, nach Belieben eine Tasse heiße Fleischbrühe dazugießen. Den Lammrücken mit sehr dünnen Speckscheiben

zudecken, in den auf 220°C vorgeheizten Ofen schieben, 15 Minuten braten, dann die Hitze auf 160°C hinunterschalten und weitere 15–20 Minuten braten. Wer sichergehen will, steckt ein Brat-Thermometer neben den Knochen in den Lammrücken und brät ihn, bis das Thermometer eine Kerntemperatur von 80°C anzeigt. Dann das Fleisch aus dem Bräter nehmen, in Alufolie einwickeln, auf den Rost im abgeschalteten, offenen Ofen legen und aus dem Bratfond eine Sauce kochen. Das Fleisch wird gern ausgelöst, in Scheiben geschnitten und wieder auf die Knochen gelegt, so daß der vollständige Braten serviert werden kann.

Creme Panaché oder Bändercreme

1/4 l Sahne oder halb Sahne, halb Milch
3 Eidotter
125 g Zucker
1 Beutel Gelatine oder
6 Blatt weiße Gelatine
250 g Erdbeermark oder Himbeermark
2 EL Zucker
Speisestärke
Himbeeren, Walderdbeeren

Creme Panaché ist eine köstliche Nachspeise, die aus verschiedenartigen Creme- oder Eissorten kunstvoll geschichtet wurde. Man kann sie nach jedem Rezept einer Creme herstellen, für ein festliches Essen ist jedoch das einer Creme bavaroise am angemessensten. Dazu rührt man 1/4 l Sahne oder halb Sahne, halb Milch mit 3 Dottern und 125 g Zucker im Wasserbad, bis eine dickliche Creme entsteht, also etwa 10–15 Minuten.
In diese Creme rührt man dann einen Beutel nach Vorschrift aufgelöste Gelatine oder 6 Blatt weiße Gelatine, ebenfalls aufgelöst, läßt die Creme fast erstarren und hebt dann 1/4 l festgeschlagene Sahne unter die Creme und füllt ungefähr die Hälfte in eine andere Schüssel. Diese Hälfte wird mit Erdbeermark oder Himbeermark verrührt, also: die Früchte durchs Sieb streichen, das Püree mit etwas Zucker aufkochen und, wenn man will, zur Vorsicht mit einem Löffel angerührter Speisestärke binden. Dieses rote Mus vermengt man nun mit der einen Cremehälfte und füllt die weiße und die rote Creme abwechselnd löffelweise in eine schöne Glasschüssel, damit man die Bänder auch sieht und bewundern kann. In den Kühlschrank stellen, damit alles ganz und gar erstarren kann. Die fertige Creme Panaché wird mit Himbeeren oder Walderdbeeren dekoriert.

Essen bei den Poggenpuhls in der Großgörschenstraße

Die Männer der wilhelminischen Gesellschaft bekamen beim Essen immer den besten Happen und den besten oder – wie bei Poggenpuhls – einzigen Schluck und nahmen diese Extrabehandlung meistens als selbstverständlich hin.

»*... Punkt zwei ging man zu Tisch. Es war in der guten Stube gedeckt ... Gleich nach der Suppe wurde der Glasteller mit der kleinen Repräsentationsweinflasche von dem Schreibtisch heruntergenommen und vor Leo hingestellt ... und während noch Leos Widerstand beseitigt wurde, kam Friederike und brachte die Ente.*

›Wovon willst du?‹ fragte Sophie.

›Keule, wenn ich bitten darf. Ich finde nämlich, wer um die Keule bittet, fährt immer am besten. Es macht jedesmal einen guten, weil bescheidenen Eindruck, und zweitens läßt einen das Bindestück nicht leicht im Stich. Außerdem ist die reine Quantitätsfrage doch auch nicht zu verachten.‹

Er tat sich denn auch bene; alles war ihm zu willen, und dann brachte er seinen Toast aus auf das Wohl der Mutter ... ›Es ist doch wahr, zu Hause schmeckt es immer am besten. Solche mütterliche Ente krieg ich in ganz Thorn nicht. Und diese Füllung, noch dazu zweierlei, hier Maronen und hier Pudding mit Rosinen ...‹«

Und Leo von Poggenpuhl hat, wie der aufmerksame Leser weiß, bereits am Tag zuvor, als er nachmittags hungrig aus Thorn angereist kam, als vorgezogenen Imbiß um halb fünf die Entenleber »*mit Äpfeln und Zwiebeln*« gebraten bekommen und ohne einen Gedanken an seine Schwester aufgegessen. Als »*Abendbrot*« hatte er dann noch von Friederike in der Küche »*eine Boulette von gestern mittag und ein paar eingelegte Heringe mit Dill und Gurkenscheiben ...*« bekommen.

Ente galt übrigens in der Stadt, wo man sie kaufen mußte und sich nicht selbst aus dem Teich oder Geflügelstall damit versorgen konnte, als Delikatesse. Sie ergab denn auch bei den Poggenpuhls das Geburtstagsessen für die Majorin und zugleich ein Festessen für ihren heimgekehrten Sohn.

Der Hammel lieferte Alltagsfleisch, denn die Schafe standen im Oderbruch auf der Weide, bis sie fleischig und fett wurden und den Hunger vieler Esser stillen konnten. Dann erst wurden sie geschlachtet und hatten auch den Hohenzollern geschmeckt. Professor Schmidt, Jenny Treibels ehemaliger Verehrer, schwärmt für das, was Friedrich Wilhelm I. so gerne aß: Weißkohl mit Hammel und Speck mit Wrucken.

Speck als Hauptgericht wird auch im *Stechlin* erwähnt. Es sei der Traum der Leute, für den Winter ein Schwein und zwei Speckseiten zu haben. Dann hätten sie *»jeden Sonntag eine ordentliche Scheibe und alltags Kartoffeln und Grieben«*.

Entenleber

1 Entenleber
1 große Zwiebel
1 Apfel
Butter
Salz und Pfeffer

Die Zwiebel schälen, in Ringe schneiden und in einer Pfanne in Butter andünsten. Einen Apfel schälen, ausstechen, in Scheiben oder Viertel schneiden und in einer zweiten Pfanne auf mittlerer Hitze von beiden Seiten in Butter braten. Die Entenleber putzen und in Scheiben schneiden.
Wenn die Zwiebeln golden sind, in der Pfanne beiseite schieben, etwas mehr Fett hineingeben und darin die Leberscheibchen rasch von beiden Seiten braten. Apfelscheiben und Zwiebelleber

auf einen vorgewärmten Teller füllen und nach Belieben würzen.

Die Boulette

Die Boulette wird in Berlin auch Bulette geschrieben, was schon zeigt, wie sehr sie zu der Küche dieser Stadt gehört. Dennoch stammen das Rezept und das Wort aus dem Französischen. La boule ist die Kugel, la boulette das Kügelchen, und so eine Kugel aus feingewiegtem Restefleisch mit allerlei würzenden und bindenden Zutaten zu mengen und mit nassen Händen zu formen, dann mit einem leichten Schlag flachzuklopfen, damit das Kügelchen im heißen Fett in der Pfanne gut und zuverlässig durch und durch braten kann – das haben die Berliner von den Einwanderern aus Frankreich gelernt. Die Boulette ist also eins der bewundernswerten Restegerichte, an denen die Hausfrauen ihre Kunst erweisen konnten, die aber auch manchen dazu verlockte, mehr eingeweichte Schrippen als Fleisch zu verkugeln, und dieser Geiz hat die arme Boulette in einigen Kneipen, Kadettenanstalten und Küchen in Verruf gebracht.

Den pappigen Schrippengeschmack kann kein noch so scharfer Mostrich verdecken, obgleich gerade diese angeblich klassische Zugabe vermuten läßt, daß Senf, Salzgurken und reichlich Pfeffer nur eine Folge des zu Schrippenhaften gewisser Bouletten war. Denn man aß sie warm oder kalt, und letzterer Zustand ist besonders verräterisch. Die echte, rechte Boulette ist dagegen eine Köstlichkeit, kalt ebenso wie warm und frisch aus der Pfanne. Man muß einfach nur gutes Koch- und Bratenfleisch verwenden, ohne Sehnen und anderen Zodder, vielleicht voll Gefühl mit einer Scheibe Räucherschinken oder Speck oder Kräutern das Aroma unterstützen und nie mehr als ein Fünftel des Fleischgewichtes an Schrippen verwenden: Sie und das Ei sollen binden und nicht verlängern.

Das folgende Rezept aus dem »Neuesten vollständigen Berliner Kochbuch für bürgerliche Haushaltungen«, von Marie Schreiber 1839 herausgegeben, gibt keine Mengen an. Das wäre auch unnötig gewesen, denn jede »Köchin oder angehende Hausfrau« nahm eben das Fleisch, das vom Sonntagsbraten übrig war, und wußte wie Marie Schreiber »nach vieljähriger praktischer Erfahrung«, wieviel von den anderen Dingen zuzugeben war. Mein Vorschlag zur Präzision: auf 500 bis 750 g Fleisch ein altbackenes Brötchen und 2 Eier. Das andere wie bei Marie Schreiber:

Bouletten von Kochfleisch

»Das vorhandene Rindfleisch wird mit dem daran befindlichen Fett recht fein zerhackt, mit etwas gestoßenem Pfeffer, Salz, Majoran, abgeriebenen Citronenschalen und in Wasser zerweichtem und wieder ausgedrücktem Milchbrot nebst einigen Eiern zu einem Teig geknetet. Von diesem Teige formt man nach Belieben flachrunde Stücke, taucht sie in geschlagene Eier, damit sie recht saftig werden, und wälzt sie in geriebener

Semmel. Dann werden sie in einer Pfanne mit zerlassener Butter unter öfterem Umlegen auf beiden Seiten hübsch hochbraun gebraten.«
Zur Boulette aß man am liebsten eine saure Gurke, also eine Salzgurke aus Lübbenau im Spreewald oder eine feine Essig- oder Delikateßgurke. Und natürlich Mostrich.

Marinierte Heringe
Diese Seefische kamen der besseren Haltbarkeit wegen meist gesalzen nach Berlin, und viele Rezepte aus dem vorigen Jahrhundert beginnen mit dem Rat, die Heringe drei Tage zu wässern oder in Milch zu legen, um sie vom Salz zu befreien. Dann wurden sie gern mariniert, das heißt: Sie wurden in eine Schüssel gelegt und mit heißem Essig begossen, der mit Lorbeerblättern, Pfefferkörnern, englisch Gewürz (Piment) und Zwiebeln oder Dillsamen gewürzt war.

Heringe zum Tee
werden laut Henriette Davidis so zubereitet: »Etwa 1½ Obertassen saure Sahne wird gut gerührt, dazu gibt man 3 TL Senf, 2 EL feines Öl, ebensoviel feinen Essig, ½ fein geriebene Zwiebel sowie etwas Pfeffer und verrührt dies alles tüchtig. Dann nimmt man 6 gut gewässerte und vorbereitete Heringe, befreit sie sorgfältig von den Gräten, zerschneidet sie in längliche Streifen und vermischt sie tüchtig mit der Sauce. Wird als Beilage zum Tee und Butterbrot gegeben.«
Reichte man den so eingelegten Hering zum Abendbrot, so begleitete ihn gern ein Gurkensalat.

Gurkensalat
1 Salatgurke
4 EL Essig
2 EL Zucker
1 Prise Salz
1 EL Dill
Estragon oder Borretsch

Eine Salatgurke aus dem Spreewald wird ungeschält fein gehobelt.
2 EL Wasser kocht man mit dem Essig, dem Zucker und Salz einmal auf, gießt die kochende Marinade auf die Gurkenscheiben, deckt die Schüssel zu und läßt sie 1½ bis 2 Stunden ziehen. Ehe man die Marinade auf die Gurken gießt, kann man die Scheiben mit Dill oder Estragon oder Borretsch mischen. Das macht die Sache noch aromatischer. Der heiße Guß aber macht die Gurken bekömmlicher, so daß man dieses einfache Abendbrot besser genießen kann.

Gefüllte Ente

1 Ente von 1,8–2 kg, küchenfertig
2 altbackene Brötchen oder
4–5 Scheiben Weißbrot
50 g flüssige Butter
100 g durchgedrehter, gekochter Schinken
100 g Rosinen
2 gewürfelte Zwiebeln
Salz und Pfeffer
1 Ei
1/8 l Fleischbrühe
250 g gekochte Kastanien
Öl für die Bratreine

Die Ente unter fließendem kalten Wasser innen und außen waschen, das restliche Bauchfett herausschneiden und die Ente innen und außen trockentupfen und mit einer Handvoll Salz ebenfalls innen und außen kräftig einreiben.
Für die erste Füllung werden die Brötchen oder das Weißbrot sehr fein gewürfelt, in eine Schüssel gegeben und mit der flüssigen Butter begossen. Etwas einziehen lassen, dann mit dem durchgedrehten Schinken, den Rosinen, der feingewürfelten Zwiebel und dem Ei vermengen, sparsam würzen und die Füllung in die Ente löffeln. Nicht zu stramm füllen, weil die Füllung etwas aufgeht. Den Entenbürzel mit Zahnstocher und Küchengarn verschließen.
Die zweite Füllung kommt in den Hals, je länger die Halshaut noch geblieben ist, desto besser. Die gekochten Maronen werden grob gehackt, leicht gepfeffert, mit ein paar Tropfen Zitronensaft beträufelt, und dann wird so viel in den Hals gestopft, wie dieser faßt. Dann

wird die Halshaut zugeklappt und mit einem oder zwei Zahnstochern festgesteckt.
Zum Schluß wird der Vogel dressiert, das heißt: Flügel und Keulen werden mit Küchengarn so festgebunden, daß sie beim Braten am Körper bleiben und nicht verbrennen. Am gescheitesten verbindet man zuerst die Flügelspitzen mit dem Küchenzwirn, kreuzt dann den Faden auf dem Rücken und bindet die Keulen fest.
Die so vorbereitete Ente wird mit Öl eingerieben, in die Bratreine gelegt, in der sich auch 1–2 EL Öl befinden sollten. In den auf 180°C vorgeheizten Backofen schieben, unterste Schiene. Die Ente wird zuerst auf die Brust gelegt und muß eine gute halbe Stunde so anbraten, dann wird sie gewendet. Sie wird immer wieder schöpflöffelweise mit heißer Fleischbrühe begossen und muß zwei Stunden braten. Danach sollte sie noch etwas im ausgeschalteten Ofen ruhen, man kann sie dazu auch in Alufolie wickeln und unterdessen aus dem Bratfond eine Sauce kochen.

Das Krebsessen bei Professor Schmidt in der Adlerstraße

Die solidesten Mahlzeiten kocht Corinna Schmidt, die geschickte Tochter des Gymnasiallehrers Professor Wilibald Schmidt, in Fontanes Roman *Frau Jenny Treibel*: Krebse und Semmelpudding.

Die Krebse stammten bei Fontane noch aus der Oder oder auch aus der Havel. So gibt es bei Professor Schmidt, dem verschmähten Jugendfreund von Frau Jenny Treibel, *»eine mächtige Schüssel mit Oderkrebsen«*. Und nachdem der *»Trarbacher bereits zweimal eingeschenkt, auch beide Knusperspitzen der Kümmelbrötchen abgebrochen«* waren, erklärt der Gastgeber: *»Sieh, Diestelkamp, dieser hier ist für dich. Er hat eine große und eine kleine Schere, und das sind immer die besten. Es gibt Spiele der Natur, die mehr sind als bloßes Spiel und dem Weisen als Wegweiser dienen ... Was wir hier vor uns haben, sind Oderbruchkrebse; wenn ich recht berichtet bin, aus der Küstriner Gegend. Es scheint, daß durch die Vermählung von Oder und Warthe besonders gute Resultate vermittelt werden ... Und nun sagen Sie, Freund, ist dies nach Ihren persönlichen Erfahrungen mutmaßlich als streng lokale Produktion anzusehen, oder ist es mit den Oderbruchkrebsen wie mit den Werderschen Kirschen, deren Gewinnungsgebiet sich nächstens über die ganze Provinz Brandenburg erstrecken wird?«*

Der Freund ist zuversichtlich, hält die Oderkrebse für *»echteste Ware, nicht bloß dem Namen nach, sondern auch de facto ... Es werden nämlich, um Küstrin herum, immer noch Massen gewonnen, trotzdem es nicht mehr das ist, was es war. Ich habe selbst noch Wunderdinge davon gesehen, aber freilich nichts im Vergleich zu dem, was die Leute von alten Zeiten her erzählten. Damals, vor hundert Jahren, oder vielleicht auch noch länger, gab es so viele Krebse, daß sie durchs ganze Bruch hin, wenn sich im Mai das Überschwemmungswasser wieder verlief, von den Bäumen geschüttelt wurden, zu vielen Hunderttausenden ... eine*

Plage, natürlich ganz entwertet, und bei der dienenden Bevölkerung, die damit geatzt werden sollte, so verhaßt und dem Magen der Leute so widerwärtig, daß es verboten war, dem Gesinde mehr als dreimal wöchentlich Krebse vorzusetzen. Ein Schock Krebse kostete einen Pfennig.«

Krebse waren also damals kein Luxus, und die Kümmelkörner auf den Brötchen dienten ebenfalls auf das Vernünftigste der Verträglichkeit. Vernünftig war die Mahlzeit, weil sie saisongerecht und deshalb auch nicht teuer war. Luxus bei Tisch hätte sich kein Akademiker leisten können und sich aus Prinzip auch nicht leisten wollen. Das Prassen gehörte zum Gehabe der Neureichen in den achtziger und neunziger Jahren, und über seinem Stande essen konnte ein Beamter oder Privatgelehrter nur, wenn er ein Vermögen geerbt oder geheiratet hatte und Rentier geworden war.

Wenn also Krebse Saison hatten, so aß man Krebse, und wenn Schleie oder Schmerlen gefangen wurden, kamen diese in den Kochtopf oder die Pfanne. Heute werden die Krebse, die wir zu einem Preis per Stück kaufen müssen und für die man damals mehr als ein ganzes Schock (ein Schock = 60 Stück) bekam, mit Luftfracht aus der Türkei oder Südamerika eingeflogen, denn unsere Bäche sind längst ebenso krebsleer wie die Flüsse und Seen in Schweden.

Flußkrebse kochen
5 l Wasser
50 g Salz
32 Krebse à etwa 80 g
ein Bund Dill
3 Kümmelkörner

Das Wasser mit dem Salz zum Kochen bringen. Die Krebse unter fließendem Wasser gut abspülen und nacheinander ins sprudelnd kochende Wasser werfen. Sollte die Kochintensität des Wassers beim Einwerfen der Krebse nachlassen, muß unbedingt gewartet werden, bis es wieder kocht, ehe weitere Krebse hineingeworfen werden. Wenn alle Krebse im Wasser sind, das Wasser noch einmal aufkochen lassen, den Dill und die Kümmelkörner dazugeben, den Deckel auflegen und 10 Minuten bei sehr milder Hitze ziehen lassen. Dazu Weißbrot im Backofen knusprig aufbacken und zusammen mit den heißen Krebsen und kalter Butter auf den Tisch stellen.

Suppe aus Krebssud
Die Suppe aus dem Krebssud ist etwas besonders Köstliches, wenn man die Krebse mit 4 l Wasser und 1 l Wein gekocht hat. Dann läßt man eine feingewiegte Zwiebel mit 100 g Schinkenspeck, ebenfalls sehr klein gewürfelt, in 50 g zerlassener Butter anrösten, gibt anderthalb EL Mehl dazu und läßt alles miteinander unter ständigem Umrühren anschwitzen. Mit ½ l reduziertem Krebssud auffüllen und 10 Minuten leise kochen lassen. Dann einen Becher Sahne dazugeben, kräftig nachwürzen, mit feingewiegtem Dill und Petersilie bestreuen und in Suppentassen zu den Krebsen servieren.

In dem Kochbuch *Wie man in Berlin zur Zeit der Königin Luise kochte* von Theodor Fontanes Großmutter finden sich auch Krebsrezepte, die von der Unbefangenheit der Köchinnen und Köche des vorigen Jahrhunderts zeugen. Lebende Tiere mit dem Küchenmesser zu bearbeiten verbieten uns heute ein verändertes moralisches Empfinden und die entsprechenden Paragraphen des Tierschutzgesetzes. Damals notierte man, ohne es als grausam zu empfinden:

Marter Krebse
»Man nimmt die rohen Krebse, schneidet ihnen den Kopf ab, leget sie in einen Durchschlag, und läßet die jus auf eine Schüssel laufen; alsdann kocht man die Krebse in Salzwasser, pellet die Scheeren und Schwänze aus und thut sie auf die Schüssel, in der der jus nebst ein gut Stück Butter, geriebener Semmel und Muskaten-Blüthe. Dieß muß zusammen gut durchkochen, auch nimmt man zur Verlängerung Murcheln daran.«

Krebse mit Milch gekocht
»Die Krebse werden in Salz-Wasser gekocht, hernach pellet man sie aus, gießet Milch darauf, thut Butter, Muskatenblumen, geriebene Semmel und gehackte Petersilie daran, läßet selbiges durchkochen, so ist es gut.«

Semmelpudding mit Birnen für Professor Schmidt in der Adlerstraße

Corinna Schmidt sitzt mit der getreuen Schmolke in der Küche. Heller Julisonnenschein. Alle Fensterflügel sind geöffnet.

»Der Professor war eben nach Hause gekommen, schon um elf, denn es war Mittwoch, wo die Klasse, für ihn wenigstens, um eine Stunde früher schloß … Corinna, den Mörser zwischen den Knien, war mit Zimtstoßen beschäftigt, während die Schmolke grüne Kochbirnen der Länge nach durchschnitt und beide gleiche Hälften in eine große braune Schüssel, eine sogenannten Reibesatte, fallen ließ. Freilich, zwei ganz gleiche Hälften waren es nicht, konnten es nicht sein, weil natürlich nur eine Hälfte den Stengel hatte …

›Sieh, Corinna‹, sagte Schmolke, ›dieser hier, dieser lange, das ist so recht ein Stengel nach dem Herzens deines Vaters …‹

Corinna nickte.

›… Den kann er anfassen wie ne Maccaroni und hochhalten und alles von unten her aufessen … Es ist doch ein merkwürdiger Mann … und voller Schrullen … Aber das Merkwürdigste, das ist doch das mit den langen Stengeln un daß wir sie, wenn es Semmelpudding un Birnen gibt, nicht schälen dürfen, un daß der ganze Kriepsch mit Kerne und alles drin bleiben mußt. Er ist doch ein Professor un ein sehr kluger Mann, aber das muß ich dir sagen, Corinna, wenn ich meinem guten Schmolke, der doch nur ein einfacher Mann war, mit so lange Stengel un ungeschält un den ganzen Kriepsch drin gekommen wär, ja da hätt es was gegeben …‹«

Der Herr Professor Schmidt, ein gelehrter Herr, der an die Macht und den Sinn der Wissenschaft glaubt, aß die Birnen jedoch nicht nur mit Kriepsch und Stiel, weil es ihm so schmeckte, sondern aus gesundheitlichen und damit wissenschaftlichen Gründen, um alle Nährstoffe mitzubekommen. *»Der Pudding erschien Punkt zwei, und Schmidt hatte sich denselben munden lassen.«*

Das unvergeßlichste Birnen-Denkmal hat Fontane freilich in seinem Gedicht vom Birnbaum des *Herrn von Ribbeck auf Ribbeck im Havelland* gestiftet. Dieser Baum war vielleicht noch von dem königlichen Pomologen Manges gesetzt worden, denn Ribbeck lag im berühmten Werderschen Obstgarten, der längst über die Insel hinausgewachsen war und sich auch nördlich der Havel erstreckte. Die Saison begann dort jährlich am ersten Juni mit den ersten Erdbeeren, und sie galten als besonders gut.

Semmelauflauf

2 Tassen Semmelbrösel
3/8 l Milch
125 g Butter
1 Tasse Zucker
Zimt
3 Eier
100 g gemahlene Mandeln
Butter für die Form

Die Semmelbrösel in eine Schüssel geben, mit der heißen Milch begießen, zudecken und quellen lassen. Unterdessen die Butter mit dem Zucker schaumig rühren, ein Ei nach dem anderen dazugeben, ebenfalls den Zimt und die gemahlenen Mandeln. Diese Creme wird dann unter die Semmelbrösel gehoben, in die gut ausgebutterte Auflaufform gefüllt und bei 200°C ungefähr eine Stunde gebacken. Falls die Oberfläche zu stark bräunt, deckt man sie mit einem Stück Aluminiumfolie zu. Diesen Teig kann man auch in die gebutterte Puddingform füllen und wie auf Seite 203 im Wasserbad kochen und dann würzen. Das ist die alte und klassische Garmethode. Erst die Backröhre ermöglichte die weniger umständliche Auflaufmethode.

Eduard Gaertner, *Wintergarten*. 1836

Eine neue Mahlzeit war der Tee am Nachmittag. Fontane lernte sie in England kennen und schätzte sofort ihre ungezwungene Lässigkeit. »*Wir nahmen unseren Tee und musizierten*«, schreibt er in *Von Zwanzig bis Dreißig* und stellt die Berliner Verhältnisse dagegen: »*In unserem guten Berlin, wenn solcher Überfall stattfindet, ist es, innerhalb der gesellschaftlichen Mittelsphäre, nur ganz wenigen gegeben, Kontenance zu bewahren … wir sind nur einfach in bezug auf alles, was Repräsentation angeht, schlechter erzogen und haben nicht Lust, uns, um irgendeines beliebigen Fremden willen, zu genieren. Das geschieht erst allenfalls, wenn es einen Vorteil mit sich bringt. Wir lassen nach der Seite hin viel zu wünschen übrig.*«

Dieser Tee, den Theodor Fontane so gerne trank, seiner Frau als bestes Mittel gegen den Husten empfahl und den er seine vielen Romangestalten bei allen möglichen Gelegenheiten trinken läßt, ist bei uns ein relativ junges Getränk, ein Kolonialprodukt. Als die Engländer nach den Niederländern ihre eigene Ostindische Kompanie gegründet hatten, witterten sie rasch, was für ein gutes Geschäft man mit Tee machen konnte, beanspruchten das Teemonopol, belegten den Tee mit hohen Steuern, verloren dadurch ihre nordamerikanische Kolonie, ließen den Teeschmuggel zu ungeahnter Blüte kommen und begründeten die Sitte des Teetrinkens – zuerst in den alten Coffee-Houses, dann, nach der Aufhebung der Teesteuer und der raschen Popularisierung dieses Getränkes, am häuslichen Teetisch.

An ihm saß die Hausfrau oder die Gastgeberin und bediente die sogenannte Teemaschine, die dem Samowar glich. Oder sie goß jedem aus einer schönen Porzellanteekanne sehr starken Tee-Extrakt in die Teeschale und verlängerte mit heißem Wasser, das im silbernen Wasserkessel – auf einer Petroleumflamme – während der ganzen Teestunde leise bullerte.

So wird der junge Theodor Fontane den Tee in England kennengelernt haben. Vielleicht nahm die Hausfrau die Teeblätter noch aus dem verschließbaren Tee-Caddy, denn trotz der Liberalisierung des Marktes war schwarzer Tee noch eine Kostbarkeit. Man mußte sich deshalb vor Verfälschungen hüten, und in den Caddies lag meist ein Zettel mit dem geheimen Familienrezept, nach dem die verschiedenen Teesorten zu der eigenen Haushaltsmischung zusammengestellt wurden.

Preußen, das im Wettlauf um Kolonien keine Chancen gehabt hatte, weil ihm Geld und eine Flotte fehlten, wie sie Holland, England oder Spanien besaßen, rüstete dann 1862 eine Ostasien-Expedition aus, die mit China, Japan und Siam Freundschafts- und Handelsverträge schließen sollte. In ihrem Gefolge nahm das Angebot der Kolonialwaren und der verschiedenen Teesorten abermals zu.

Tee wird bei Fontane und seinen Romanfiguren meist zum kalten Abendbrot getrunken. Tee ist auch gut zum Aufwärmen nach einem Marsch in Regen und Schnee, und Fontane selbst schätzte den Tee auf jeden Fall eher mit einem Schuß Rum oder Cognac als mit Milch.

In einem Brief skizzierte er eine Tee-Einladung bei Mathilde von Rohr abends in Berlin: »… *ehe neuneinhalb Uhr heran war, waren alle Geladenen einander vorgestellt und die Tür zum Nebenzimmer ging auf. Jeder seine Dame führend, traten wir ein. Hier war es nun wirklich allerliebst. Das Zimmer niedrig, aber doch doppelt so hoch als das Empfangszimmer, Lampen und Blumen auf dem Tisch, alles blinkend von Silber und weißestem Linnen. Wir waren alles in allem acht Personen … Man war sehr heiter, alles wohlwollend und die Verpflegung vorzüglich, namentlich auch der Tee, was man damals nicht von allen Berliner Teeabenden sagen konnte. Wir hatten zu Kaviar- und Sardellenbrötchen einen kalten Braten, einen Reh- oder Hammelrücken, den … irgendein befreundetes Gut im Havelland oder Ruppin geliefert hatte. Zum Schluß kam dann Götterspeise, die ihrem Namen Ehre machte; sie bestand aus in Rum oder Cognac getränkten Biskuitscheiben, Himbeerkompott und Schlagsahne, welche dreifache Schicht sich dreimal wiederholte. Zum Schluß wurden Apfelsinen zurecht gemacht …«*

Das war ganz nach Fontanes Sinn, und in *Schach von Wuthenow* läßt er bei einem »*gewöhnlichen Empfangsabend*« Tee und Karlsbader Oblaten reichen. Im Prinzip hatte er jedoch etwas gegen Empfänge mit Tee und schrieb 1884 seiner damaligen Gastgeberin, unterdessen Stiftsdame im mecklenburgischen Kloster Dobbertin, der er viele alte Geschichten aus der Mark für seine Wanderungen verdankte und der gegenüber er in allem sehr offen war: *»… Ich habe nicht die geringste Neigung mehr in großen oder kleinen Gesellschaften umherzustehen, erst mit dem Hut und nachher mit einer Tasse Thee in der Hand, allerlei gleichgültiges und dummes Zeug zu hören oder was noch schlimmer ist, selber zu sprechen und sich schließlich an einer Mayonnaise den Magen zu verderben. Das ist für junge Leute oder für Offiziere und Geheimräthe, die dergleichen mit Recht als Dienst ansehen. Ich bin außer Dienst und will wie den Schaden auch den Vortheil davon haben.«*

Kaffee und Kuchen bei der Witwe Pittelkow in der Invalidenstraße

Im allgemeinen herrschte im kuchensüchtigen Berlin die Kaffee- und Kuchenmahlzeit am Nachmittag vor. Fontane erwähnt gern Fruchttorten und immer wieder Streusel- oder Blechkuchen.

In *Stine* läßt der alte Graf, der sich mit Freund und Neffen abends bei der Witwe Pittelkow eingeladen hat, von Borchardt Hummermayonnaise und einen Korb mit Weinflaschen schicken. Aber nachdem die Witwe und ihre Schwester Stine beides auf einem Tisch zurechtgestellt haben, der dann aus dem Hinterzimmer in das Vorderzimmer getragen wird, müssen sich beide erholen: *»So, Stine, nu komm, nu kochen wir uns einen Kaffee, das heißt einen orntlichen. Und Olga holt uns was dazu. Willst du Streußel oder bloß mit Zucker und Zimt?«*

Das also, und nicht die Hummermayonnaise, ist die wahre Erquickung und Wonne.

Dem Tee wird eine andere Erquickung abverlangt: Der junge Poggenpuhl trinkt Tee zum Abendessen, aber nur mit Rum. Auch beim Stechlin wird bei Tisch Tee mit Cognac getrunken, *»des Tees bester Teil«*.

Mathilde Möhring serviert ihrem Studiker beim Lernen *»zur Erfrischung«* ein Glas Tee oder Rotwein, und die aufgeblasene Hulen, Lewin Vitzewitzens Zimmerwirtin in der Klosterstraße, versucht, die aristokratische Teesitte zu kopieren, und erzählt ihren Neujahrsgästen vom Gänsebraten mit Kamillentee, freilich auch wegen der Bekömmlichkeit.

In Deutschland und in Berlin sprach man »Kaffee« mit Betonung auf der ersten Silbe, und Fontane schrieb ihn privatim mit einem einzigen e am Ende: *Kaffe*. So lud er Paul Heyse, den Dichterclub-Genossen, *»zu einem honetten Kaffe, zu einem Kaffe aus dem ff, wie eine alte Tante von mir zu sagen pflegte … Zum Einstippen Gedichte von zweifelhaftem, aber auch Kuchen von unaufgreifbarem (ist nicht mißzuverstehen!) Wert.«*

Zur Zeit der Schachs und Vitzewitze war Kaffee noch ein Getränk der bürgerlichen Stände. Ein Sonntagsfrühstücksgetränk für Barone und Pastoren und reiche Bauern. Beim preußischen Prinzen gab es den Kaffee – oder Mokka – nach Tisch, und das blieb so bis zum heutigen Tage. Der türkisch gekochte oder der auf Wiener Art im Porzellanfilter zubereitete Kaffee, in kleinen Schalen auf dem Silbertablett im Salon vom Diener angeboten, schließt das Diner ab und läßt die Geselligkeit offen und behaglich ausklingen.

Kaffee, mit Zichorie verlängert, wurde nach der Franzosenzeit das Alltagsgetränk der Städter, der jungen Leute, die vom Lande in die Fabriken drängten, die auf den Fortschritt und den Aufstieg hofften. Er wurde das Getränk der jungen Frauen und Mädchen, die neben der Fabrikarbeit eine Familie zu versorgen hatten. Kaffee, Kartoffeln, Brot, manchmal auch nur Kaffee, Kartoffeln, Schnaps – das war die Hauptmahlzeit, mehr Stimulanz als Ernährung, und im schlesischen Riesengebirge ist die alte Frau Menz froh, wenn ihr Sohn einen Hasen wildert und sie ihn neben dem Topf Kaffee fürs Braten zubereiten kann. Die Poggenpuhl-Baronessen, die aus Bedürftigkeit in der Küche mitarbeiten mußten, filterten den Kaffee schon ganz modern im Beutel.

Wenn Fontane auf Reisen war, muß er oft an der *Lorke*, wie er dünnen Kaffee mit dem schlesischen Wort gern nannte, gelitten haben. Und der Leser erfährt, was 1883 zum Beispiel in Norderney als Kaffee angeboten wurde: *»Morgens zum Kaffee, der aber ein Kaffe ist (gebrannte Gerste mit ein paar Cacaoschalen dazu) genieße ich ein Hörnchen; abends zum Thee gar nichts …«*

Das Tortenbacken

Das Tortenbacken war noch eine Kunst, die mit dem Herd zusammenhing, den die Hausfrau benutzte. Wer noch auf offenem Feuer backte, mußte die Tortenpfanne benutzen, die auf einem Dreibein über glühende Kohlen gestellt oder unten und oben so mit Kohlenglut bepackt wurde, daß es eine Ober- und Unterhitze ergab. Pfannkuchen, in vielen Variationen in den Biedermeier-Kochbüchern zu finden, erinnern noch an diese Backmethode. Wer schon im Rohr backen konnte, mußte die noch unkontrollierbare Hitze vorher mit einem Stück Papier messen. Wurde der Streifen Pergamentpapier nur gelbbraun, wenn man ihn in das vorgeheizte Rohr legte, so war die Hitze für feines Gebäck gerade recht. Je mehr das Papier ins Braune verbrannte, desto stärker mußte die Hitze sein.

In Fontanes *Stine* wird die *Appelsinentorte* von Witwe Pittelkow noch ohne *Appelsinenstücke* geschätzt.

»›*... Und wenn du zurückkommst, dann ... bestellst ne Torte.*‹

›*Was für eine?*‹ *fragte Olga, deren Gesicht sich plötzlich verklärte.*

›*Appelsine ... Un bezahlst sie gleich. Un wenn du sie bezahlt hast, sagste, daß er nichts drauflegen soll, auch keine Appelsinenstücke, die doch bloß Pelle und Steine sind ...*‹«

Das hat sich in den hundert Jahren, die uns von der Madame Pittelkow trennen, längst geändert.

Apfelsinenkuchen

250 g Zucker
das Abgeriebene einer Orange
5 Eier
200 g Mehl
125 g Butter
1 Prise Salz
1/2 l Orangencreme
Zuckerguß
1–2 Orangen zur Dekoration

Den Zucker mit den Eidottern weißschaumig rühren, erst das Mehl, dann die weiche oder zerlassene und wieder abgekühlte Butter dazurühren, mit einer Prise Salz würzen und zum Schluß den steifen Schnee der fünf Eiweiße unterheben. In eine gut ausgefettete und ausgebröselte Springform füllen, in den auf 180°C vorgeheizten Ofen schieben und etwa 40 Minuten backen. Auf jeden Fall die Hölzchenprobe machen. Dann wird die Torte aus der Form genommen, abgekühlt und quer durchgeschnitten. Mit einer beliebigen Orangencreme füllen, mit Zuckerguß überziehen und diesen erstarren lassen. Dann einen Kranz von Orangenscheiben auf den Zuckerguß setzen und mit einem Rest der Orangencreme fixieren.
Wenn man die Orangen- oder Apfelsinentorte noch aromatischer haben will, preßt man die abgeriebene Apfelsine aus und träufelt den Saft auf die noch warme Torte, ehe sie halbiert wird.

Frau Hulens Neujahrs-Diner in der Klosterstraße Ecke Hoher Steinweg

Ein sonderbares Festmenü richtet Frau Hulen, Lewin Vitzewitzens Zimmerwirtin, entsprechend ihrer verschwommenen Vorstellung von der höfischen Tafel aus. Doch trotz ihres angestrengten Versuchs, die Gäste mit dem Besten zu beeindrucken und dem Ganzen dadurch einen Adelsglanz zu verleihen, daß sie das Essen im Zimmer ihres Untermieters arrangiert, kommt nur eine komische Karikatur zustande.

»An demselben Abend war Gesellschaft bei Frau Hulen. Sie konnte damit, wenn sie standesgemäß auftreten und die ganze Flucht ihrer Zimmer öffnen wollte, nicht länger zögern, da Lewin für den nächsten Tag schon seine Rückkehr von Hohen-Vietz angezeigt hatte …

Um sieben Uhr brannten die Lichter in der ganzen Hulenschen Wohnung, die neben einer kleinen, schon im Seitenflügel befindlichen Küche, aus zwei Frontzimmern und zwei dunklen Alkoven bestand. Die Hälfte davon war an Lewin vermietet, der indessen in seiner Abwesenheit und bei den freundschaftlichen Beziehungen, die zwischen ihm und seiner Wirthin obwalteten, nicht das Geringste dagegen hatte, seinen Wohnungsanteil in die Festräume hineingezogen zu sehen.

Und Festräume waren es heute, ganz abgesehen von den Lichtern und Lichterchen, die bis in den Flur hinaus nicht gespart waren. Die beiden Öfen waren geheizt und auf den Simsen schwelten Räucherkerzen, schwarze und rote …

Alle Speisen standen schon in der Mitte, als erster Gang eine große Schüssel mit Mohnpielen, daneben links ein Heringssalat und rechts eine Sülze. Alles reich gewürzt; auf dem Mohn eine dichte Lage von gestoßenem Zimt, auf dem Salat kleine Zwiebeln, die mit Pfeffergurken und sauren Kirschen abwechselten. Ein echtes Berliner Essen …

Bald darauf wurde aufgestanden, und nachdem sich … alles die Hände gedrückt und eine gesegnete Mahlzeit gewünscht hatte, begab man sich paarweise in Lewins Zimmer, wo nun Punsch und Krausgebackenes herumgereicht wurde. ›Und nun, liebe Laacke, singen Sie uns was; aber nichts Trauriges, nicht wahr, Ulrikchen, nichts Trauriges?‹«

Mohnklöße oder Mohnpielen
250 g Mohn, gemahlen
100 g Zucker
100 g Rosinen
½ l Milch
3 altbackene Brötchen oder etwa
6 Scheiben altbackenes Hefebrot
⅛ l Milch

Die Mohnklöße, die ein klassisches schlesisches Weihnachts- und Neujahrsessen gewesen sind, wurden in Berlin ziemlich bald Mohnpielen genannt. Das Rezept ist jedoch dasselbe geblieben.
Der Mohn, der sehr frisch sein muß, wird gemahlen oder im Zerhacker zerkleinert, mit Zucker und Rosinen in ½ l Milch aufgekocht. Achtung, er steigt sehr stark und sehr plötzlich, muß also in einen relativ großen Topf oder eine große Kasserolle gefüllt werden. Beiseite stellen, 10 Minuten quellen lassen. Unterdessen die altbackenen Brötchen abreiben, so daß nur noch das Weiße übrigbleibt, und das altbackene Hefebrot genauso vorbereiten. Brötchen oder Hefebrot in Scheiben schneiden und schichtweise Brot und Mohnmilch in eine Glasschüssel füllen. Der Mohn soll die oberste Schicht darstellen. Die restliche Milch mit etwas Zucker aufkochen und nach etwa einer Stunde auf das Gericht gießen, bis das Brot nichts mehr aufsaugt.
Mindestens über Nacht ziehen lassen, dann so abstechen, daß die Pielen wie Klöße auf dem Teller liegen.

Sülze
Man nahm nur Rindfleisch oder halb Rindfleisch, halb Schweinefleisch, Stelzen, Brust oder Nacken, kochte es mit einer Kälberpfote pro halbem Kilogramm schierem Fleisch, etwas Ingwer, Pfeffer, Nelken, Lorbeerblättern und Salz so weich, daß sich die Knochen sehr leicht herausnehmen ließen.
Damals wie heute wird alles durch ein Sieb gegossen, die durchgetropfte Brühe mit Zitronenscheiben wieder in einer Kasserolle durchgekocht, während man das Fleisch von Knochen und Haut befreit und in gleichmäßig große Stücke schneidet. Das Fleisch wird in eine Schüssel gelegt, mit der Fleischbrühe begossen und zum Erstarren ins Kalte gestellt.
Dieses Rezept stammt aus dem »Berliner Kochbuch« von Marie Schreiber, und sie erwähnt gar nicht, daß die

Knochen, Schnuten und Pfoten so reich an Gelatine sind, daß man sich um diese Hauptzutat der Sülze gar nicht kümmern muß. Auf jeden Fall braucht die Sülze ein paar Stunden zum Erstarren, dann wird sie gern aus der Form gestürzt, was man leicht bewirkt, indem man dieselbe kurz in heißes Wasser taucht, so daß der äußerste Rand der Sülze schmilzt. Die typische Beilage zur Sülze: selbstgemachte Mayonnaise oder eine grüne Kräutersauce.

Heringssalat
Der Heringssalat gehört zu Weihnachten, weil er eigentlich die Fastenspeise am Heiligen Abend war. Das Kalbfleisch zeigt freilich an, daß man dieses letzte Fastengericht vor dem strahlenden Weihnachtstag nicht mehr so ganz streng nahm.
»Die zum Häringsalat bestimmten Häringe müssen recht gut ausgewässert werden, dann befreit man das Fleisch von den Gräten und schneidet es in feine Würfel. Dazu würfelt man auch recht weichen Kalbsbraten und gute geschälte saftreiche Äpfel, und tut Kapern, fein geschnittene Bollen und geschärpte Petersilie dazu. Nun überstreuet man Alles mit gestossenem Pfeffer und tränkt es mit Weinessig und Provenceöl recht gut unter einander. Es kann auch die Petersilie wegbleiben und dafür gewaschene kleine Rosinen genommen werden.«
Dieses alte Berliner Rezept, das aus der Küche stammt, die sich nach den christlichen Fest- und Feiertagen richtete, taucht in den Kochbüchern vieler Landschaften auf. In Oberschlesien mischte man den Heringssalat aus gleich viel Salzhering, Kalbfleisch, Äpfeln, Pellkartoffeln, gekochtem Sellerie und Gewürzgurken, würzte mit gehackten Zwiebeln und Kapern, gab zwar keine Rosinen, aber eine Prise Zucker samt Salz und Pfeffer, Essig und Öl dazu. Nach anderen Rezepten gehört auch ein Teil rote Bete dazu, und aus Rußland kam die Sitte, den Heringssalat nicht nur in Essig und Öl, sondern auch in saurer Sahne zu schwenken. Vor dem Auftragen wurde er mit einem Kranz geviertelter, hartgekochter Eier geschmückt.

Die Weihnachtsgans
1 Gans von 4–5 kg
2 TL Salz
1/4 l Fleischbrühe
Äpfel, Zwiebeln

Eine vom Geflügelhändler vorbereitete und von der Hausfrau innen gesalzene oder gefüllte Gans von 4–5 kg wird in 1/2 l kochendes Wasser in die Bratreine gelegt und in den vorgeheizten Herd geschoben, untere Schiene. Der Dampf, der sich beim Braten entwickelt, läßt das Fett herausschwitzen. Die Gans wird bei milder Hitze von 175°C angebraten, auch das geschieht, damit das Fett gut heraustreten kann.
Nach einer Stunde wird sie gewendet und mit einer Strick- oder Sticknadel seitlich und unterhalb der Keulen eingepiekst, damit das Fett einen guten Ausgang hat. Jetzt wird die Hitze auf 200°C hochgestellt, so daß das Wasser fast verkocht und die Pelle der Gans bräunt. Eifrig begießen und eventuell noch etwas heißes Wasser oder Fleischbrühe nachgießen. Nach der halben Garzeit schöpft man schon oft einen Teil des Gänsefettes ab. Kurz bevor der Vogel herausgenommen wird, gießt man 2 EL kaltes Salzwasser auf den Braten, damit die Haut schön kroß und knusprig wird. Bevor man aus dem Bratfond die Sauce kocht, wird er vorsichtig entfettet, denn das Gänseschmalz, das man danach mit Äpfeln und Zwiebeln zubereitet, ist eine der besten Nebenerscheinungen des Gänsebratens.
Bratzeit für eine Gans von 4–5 kg: 2 1/2–3 Stunden

Gänsebraten mit feiner Füllung bedeutet: geschälte Kastanien, gewaschene Rosinen, in Streifen geschnittene süße Mandeln und feine Semmelwürfel, welche in Butter gebraten sind.
Die Weihnachtsgans stammt kurioserweise aus England, aus der Zeit von Elisabeth I. Ihr soll gerade am Heiligen Abend 1588 eine Gans aufgetischt worden sein, als die Nachricht vom Sieg über die Spanische Armada gebracht wurde. Und zur Erinnerung an diesen Tag ist die Gans zum Festbraten geworden.
Diese englische Gans ist sozusagen auf die kontinentale Martinsgans gestoßen, und beide Sitten zusammen haben sich als unwiderstehlich erwiesen. Damit der heilige Martin und die Gänse zusammenpaßten, hat man auch – gleich mehrere – Legenden erdacht: Nach der einen hat sich der Heilige, der Bischof von Tours war, durch das Geschnatter der Gänse beim Predigen gestört gefühlt. Nach der anderen sollen ihn die

Gänse verraten haben, als er sich im Gefühl der Schwäche in den Gänsestall verkrochen hat, um nicht das schwere Amt eines Bischofs antreten zu müssen.
Wie auch immer: Die Gänse haben stets zu Martini daran glauben müssen.
Der November war der Schlachtmonat, und mit ihm ging früher das Bauernjahr zu Ende. Die Tiere wurden von der Weide getrieben, und was nicht im Stall überwinterte, wurde geschlachtet, zu Vorrat verarbeitet oder sofort bei einem großen Festmahl verzehrt. Dazu wurde das Bier angezapft oder der junge Wein probiert, und wenn das Jahr gut gewesen war, so nahm man es als segensreiches Omen für das nächste und feierte mit dem Überfluß des vergangenen Jahres gegen die tiefste Dunkelheit und Kälte des Winters an.
Wir füllen die Gans mit Äpfeln und Rosinen, weil es so Sitte ist und weil es gut schmeckt. Damals, als die Menschen in den finsteren Nächten Wotan mit seiner Schar im Wintersturm tosen und heulen hörten, als sie in der fetten Gans den Segen der Erdgöttin spürten und den runden Apfel als Zeichen für das immer wieder fruchtbare, reifende Jahr, als man den Tieren das Weihnachtskorn in den Stall legte und die Apfelbäume mit einem Schluck vom Julbier begoß, um ihnen für die Fülle des Herbstes zu danken, damals ergab es sich, daß man die Gans mit dem Symbol der Fruchtbarkeit versah und daß man die getrockneten Weinbeeren dazugab, mit ihrer Süße das Sinnbild für Gottes Gnade. Und man steckte die pelzigen Blätter und Blüten des Beifußes dazwischen, weil man wußte, daß dieses bittere Kraut dem Magen guttut und Krämpfe verhindert, aber auch weil man zeigen wollte, daß es kein Leben ohne Bitternis gibt.
Mit einer fetten Gans haben die Bauern früher zum Jahreswechsel den Lehrer und den Pastor bezahlt, und es ist kein Wunder, daß überall die verschiedensten Gänserezepte entstanden sind, gefüllt und ungefüllt, mit Kohl oder mit Maronen, eingelegte Keulen, süßsaures Gänsejus, gefüllte Hälse und schwarze Blut- und Metzelsuppe mit getrockneten Früchten.

Gänsefüllung

Fontane erwähnt die klassische Füllung: ganze Äpfel, in der Schale, nur das Kernhaus ausgestochen, und Beifuß als Gewürz. Beifuß ist das Gewürz, das mit seiner Bitterkeit den Christen auch im Glück des Weihnachtsfestes an den Karfreitag erinnern soll. Außerdem fördert Beifuß die Fettverdauung.
Im *Berliner Kochbuch* heißt es: »*Wenn die Gans inwendig mit Salz abgerieben ist, füllt man sie mit Borsdorfer Äpfeln nebst einem Sträußchen abgebrühetem Beifuß, und nähet die Öffnung wieder zu. So wird die Gans in einer Pfanne gebraten oder der Länge nach an einen*

Spieß gebracht, erst mit kochendem Salzwasser und dann mit dem herausbratenden Fett fleißig begossen. Sie kann in drei Stunden gar werden. Vor dem Anrichten macht man etwas braune Butter, nimmt das Fett vom Gänsebraten und mischt die Brühe unter diese Butter und setzt sie mit dem Gänsebraten auf die Tafel ...«

Krause Kuchen

1 Ei und 4 Dotter
1 Prise Salz, 1 EL Rum
1 EL Zucker
etwa 250 g Mehl
Ausbackfett, Zimt, Zucker oder Puderzucker zum Bestreuen

Das ist ein einfaches Gebäck, leicht hergestellt, frisch besonders schmackhaft, so daß es die Nacht nicht erleben sollte. Jeder Haushalt hat vermutlich sein eigenes Rezept für die krausen Kuchen gehabt, und so sieht die einfache Version aus:
Ei und Eidotter werden mit dem Salz, Zucker und Rum verquirlt und durch so viel Mehl ergänzt, daß ein fester Teig entsteht, den man gerade ausrollen kann. Er wird zu Quadraten geradelt oder geschnitten, portionsweise ins heiße Fett gegeben und sofort mit zwei Gabeln so gerüscht und gerafft, daß die Küchelchen ihrem Namen Ehre machen. Die krausen Kuchen von beiden Seiten goldgelb ausbacken, rasch herausnehmen, gut abtropfen lassen und mit Zucker bestäuben.

Der Imbiß auf dem Schanktisch in Woldenstein

Die Szene bei Frau Hulen zeigt, wie stark die höfischen Vorbilder wirkten, wie die Hohenzollern in allem, was sie vormachten, äußerten oder anordneten, ein Beispiel waren. Selbst der Schanktisch in einer Wirtschaft in der westpreußischen Provinz, in Woldenstein, wie Fontane ihn in seinem Roman *Mathilde Möhring* schildert, ist noch ein Abbild jener prachtvollen Schauessen des Hofes. »*Hugo … setzte sich in einen Stuhl neben dem Schanktisch, auf dem sechs, acht Weingläser mit Apfelsinencreme, eine Baumtorte und kleine Korianderkuchen standen. Er selbst hatte sich schon vorher einen Curaçao geben lassen …*«

Wie »*eine Baumtorte*« – oder ein Baumkuchen – hergestellt wurde, beschreibt Theodor Fontane in seiner Autobiographie *Von Zwanzig bis Dreißig* voller Bewunderung für das Werk der Kochfrau Gaster:

»*Den Anfang machte immer die Herstellung eines Baumkuchens. Als die Gaster, die darüber Buch führte, den Tausendsten fertig hatte, gaben ihr die Swinemünder Hausfrauen ein wohlverdientes Fest. Es gibt auch heute noch Baumkuchen, gewiß; aber die jetzigen sind Entartungen, schwächliche, schwammartige Bleichenwangs, während die damaligen eine glückliche Festigkeit hatten, die sich an den gelungensten Exemplaren bis zur Knusprigkeit steigerte, begleitet von einer vom dunkelsten Ocker bis zum hellsten Gelb reichenden Farbenskala. Ich war immer glücklich, dem Werdeprozeß solches Baumkuchens zusehen zu können. Auf einem riesigen Herde befand sich nach der Wand hin ein aus Ziegelsteinen aufgemauertes niedriges Halbgewölbe, das, nach oben zu dachartig vorspringend, nach unten zu schräg zurücktrat. An dieser zurücktretenden Stelle zog sich ein wohl vier Fuß langes schmales Kohlenfeuer hin, an das nun zwei kleine Eisenständer mit aufgelegtem Bratspieß und Drehvorrichtung herangerückt wurden. Der auf diesen*

Ständern ruhende Spieß aber gab sich nicht einfach als solcher, vielmehr war ihm ein seiner ganzen Länge nach ausgehöhlter und nach außen hin mit gefettetem Papier überzogener Holzkegel aufgeschoben, der bestimmt war, die Seele des herzustellenden Baumkuchens zu bilden. Und nun, mit Hilfe eines an einem langen Stocke steckenden Blechlöffels, begann das Aufgießen eines dünnflüssigen, anfangs immer wieder herabtröpfelnden Teiges, so daß das eingeschlagene Verfahren eine ganze Zeitlang wie vergeblich erschien. Von dem Augenblick an aber, wo die Teigflüssigkeit konsistenter und das Abtropfen langsamer wurde, regten sich auch die Hoffnungen wieder, und ehe ein paar Stunden um waren, konnte der prachtvoll gebräunte, zugleich zackenreiche Baumkuchen von dem Holzkegel heruntergenommen werden. Alles dabei war von symbolischer Bedeutung. An das volle Gelingen dieses Pracht- und Schaustücks knüpfte sich das Vertrauen auf das Gelingen des Festes überhaupt. Der Baumkuchen stellte dem Ganzen das Horoskop.«

Korianderplätzchen

250 g Butter
1 Beutel Backpulver
1 TL gemahlener Kardamom
1/2 TL Salz
250 g Zucker
2 Eier
600 g Mehl

Die weiche Butter mit Zucker und einem Ei nach dem anderen verrühren, daß eine weiße Creme entsteht. Gewürze und Mehl unterrühren und dann verkneten. Den Teig zu einer Kugel formen, mit Mehl bestreuen, 2–3 Stunden in den Kühlschrank legen und dann partienweise zu Rollen formen. Plätzchen abschneiden, auf das mit Backtrennpapier ausgelegte Backblech legen und bei 180–200°C im vorgeheizten Backofen ungefähr 10 Minuten backen.

Der Service: französisch, russisch, englisch

Zu Frau Hulens Zeit, 1812, war noch der sogenannte französische Service üblich, bei dem man alle Schüsseln eines Ganges auf einmal auf den Tisch stellte, zu Mohnpielen und Heringssalat also auch die Sülze.

Die Diners und Soupers in Fontanes Berliner Romanen befolgen jedoch meist den russischen Service, der die Grundlage der kaiserlichen Menüs und damit der Gesellschaft wurde. Alle Gänge werden serviert, nur das Dessert steht von Anfang an auf dem Tisch: prachtvolle hohe oder flache Schalen aus Silber oder Kristall, die Bonbons – wir sagen: Konfekt –, kandierte Früchte und ähnliches enthalten, oft mit exotischen Früchten oder mit Blumen kombiniert.

Die Ananas

Die Ananas war eine echte Berliner Frucht, und man zog sie sich im eigenen Gartenhaus. Das war das Palmenhaus oder die Orangerie der Bürger, ein Vorgänger des Schrebergartens und der Laube, vor den Mauern der Stadt gelegen, wo Gemüse und Spalierfrüchte gezogen und im Treibhaus mit großem Ehrgeiz und bei im vorigen Jahrhundert günstigem Klima auch südliche Pflanzen und Früchte heimisch gemacht wurden. Feigen zum Beispiel und Weintrauben und die Ananas.

Sie verdankte Friedrich II. ihre Heimstatt in Berlin. Er schätzte diese Frucht über die Maßen, ließ sich Pflanzen in großen Mengen aus Holland oder England kommen und in seine Treibhäuser setzen. Seine Berliner machten es ihm nach, und so kam die Ananas in Mode. Selbst in bürgerlichen Kochbüchern der damaligen Zeit finden sich so exotische Rezepte wie Gelee von Ananas, Pfirsichen und Aprikosen, Apfelsinen, Zitronen und Pomeranzen.

In den Villen der Neureichen, die nach der Reichsgründung an den Ufern der Spree und im Tiergarten entstanden, benutzen die Treibels und van der Straatens nach der Kargheit in *Vor dem Sturm* wieder üppige Tafelaufsätze aus Silber, Gold oder Porzellan der Königlichen Porzellan-Manufaktur Berlin, in denen die Treibhausfrüchte prangen wie auf niederländischen Stilleben.

Der praktische englische Service

Beim Diner bei Stechlins wird dagegen das Büfett erwähnt, an dem die beiden Diener in ihrer schönen Livree stehen. Das läßt darauf schließen, daß »englisch« serviert wurde: Fisch und Fleisch kamen auf großen Platten im Stück und im Kranz von Beilagen aus der Küche auf die Anrichte. Ein Diener tranchierte, ein zweiter füllte jeden der vorgewärmten Teller mit Sauce, Gemüse und anderen Beilagen und servierte. Das war eine Methode, die im kleinen privaten Kreise üblich und auch praktisch war. Bei den großen offiziellen Banketten, Soupers und Diners wurde jedoch die russische als angenehmer empfunden.

Wieviel Personal brauchte man dafür? Ernst von Malortie, Oberhofmarschall und Geheimrat, der mehrere Lehrbücher über das Menü und seine Systeme verfaßt hat, schreibt dazu: »Als Regel gilt, daß für je zwölf Gäste ein Service besteht, also die zu servierende Schüssel für diese Zahl ausreicht.

Für fünfzehn Personen genügt allenfalls auch ein Service, während man durchaus doppelt servieren muß, wenn diese Zahl überschritten wird. Ein Service nicht über zwölf Personen auszudehnen, ist auch schon aus dem Grunde notwendig, weil die Mehrzahl der Gerichte, besonders die Entrées, nicht für mehr Personen geschmackvoll angerichtet werden können, ohne kalt oder zu formlos den zuletzt bedienten Gästen serviert zu werden.«

Bei einem Privatdiner mit etwa 24 Couverts, wobei nach vorstehender Darlegung also ein doppelter Service vonnöten ist, würden erforderlich sein: ein Haushofmeister oder Kammerdiener als Dirigent des Diners und 8 Diener. »Die Geschäfte derselben regeln sich wie folgt: Jeder Service erhält zwei Diener einschließlich der Aufwartung. Der eine serviert, der zweite folgt mit Saucen, Beilagen etc. Der Haushofmeister oder Kammerdiener besorgt den Service der Weine mit Hülfe eines Dieners, welcher der Fla-

sche mit Kabarett und Gläsern folgt. Zwei Diener überwachen die Tafel, entfernen und wechseln Teller, Gläser etc. und erfüllen die Anforderungen der Gäste. Ein Diener dirigiert und leitet das Heranbringen der Speisen, Teller, Geräte etc. aus der Küche etc. bis zum Servierzimmer. Dieses Heranbringen besorgen Gehülfen, sogenannte Tagelöhner, deren Zahl durch die obwaltenden Verhältnisse bestimmt wird.«

Woraus besteht ein Menü?

Ein Menü besteht aus einzelnen Gerichten des Diners (der großen warmen Hauptmahlzeit am frühen Abend) und des Soupers (der nächtlichen Mahlzeit gegen 10 Uhr), deren Komposition und Abfolge genau geregelt sind, wobei innerhalb dieses Rahmens Gerichte gestrichen oder noch hinzugefügt werden können. Der gesellschaftlichen Sitte nach wurden und werden diese Gerichte französisch bezeichnet.

Und so sieht ein klassisches Muster-Menü der Kaiserzeit aus:

Potage – Suppe
Hors d'œuvre – Vorspeise
Relevé de poisson – Zwischengericht mit Fisch
Relevé de boucherie – Zwischengericht mit Fleisch
Entrée chaude – warmes Eingangsgericht
Entrée froide – kaltes Eingangsgericht
Rôti, compote, salade – Braten, Kompott, Salat
Entremets de légumes – Zwischengericht mit Gemüse
Entremets de douceur – warme süße Speise
Beurre et fromage – Butter und Käse
Glaces et fruits – Eis, Dessert und Früchte

Und die Getränke?
Sie setzten einen Weinkeller voraus, und ihre Kombination mit den vielen Gängen unterlag ebenfalls Regeln. Die Tischweine, also Bordeaux, aber auch Weißwein, wurden in Karaffen serviert, standen demnach auf dem Tisch, und während der ganzen Dauer der Tafel wurden sie immer wieder nach Bedarf ersetzt.

Zum Couvert gehörten nur die Gläser für diese Tischweine. Man konnte aber auch Gläser für den Champagner und andere moussierende Weine dazustellen, da diese den Gästen aus der Flasche eingeschenkt wurden.

Die übrigen Weine wurden den Gästen im gefüllten Glas angeboten. Dabei wurden nicht Kabaretts oder Tabletts mit einer Anzahl gefüllter Gläser herumgereicht, sondern jeder Gast wurde gefragt, was er trinken wolle, nannte die Weinsorte und bekam ein Glas präsentiert, das dann erst gefüllt worden war. Sobald das Servieren der betreffenden Weine aufhörte, wurden die dafür bestimmten Gläser sofort von der Tafel genommen.

Das Diner bei Oberst von St. Arnaud am Hafenplatz

Es war die monarchische Urform des Diners, das wie eine große Oper abrollte, aber Fontane zeigte gern die Freiheiten, die das klassische Diner nicht nur magenverträglicher machten, sondern ihm auch den Weg in die bürgerliche Küche und in unsere Gegenwart eröffneten. Da ist zum Beispiel das leichte, elegante Fisch- und Gemüse-Diner bei St. Arnauds.

»So waren vier Wochen vergangen, als Gordon an einem der letzten Septembertage eine Karte folgenden Inhalts erhielt:

›Oberst von St. Arnaud und Frau geben sich die Ehre, Herrn von Leslie-Gordon zum 4. Oktober zu einem Mittagessen einzuladen.

Fünf Uhr. Im Überrock. U. A. w. g.‹ …

Die Plätze waren so gelegt, daß Gordon seinen Platz zwischen der Baronin und Rosa hatte …

An der anderen Seite des Tisches wurden statt der Steinbutte Forellen präsentiert, und Cécile … sagte zu Gordon über den Tisch hin: ›Aber von den Forellen müssen Sie nehmen, Herr von Gordon. Es sind ja halbe Reminiszenzen an Altenbrak. ›Denn von der Forelle bis zur Schmerle‹, so wenigstens versicherte uns der alte Emeritus, ›ist nur ein Schritt‹ …

Alles lachte, denn es traf sich, daß eine dicht mit Omeletteschnitten garnierte Gemüseschüssel in ebendiesem Augenblicke dem General präsentiert wurde. Dieser, sonst überaus empfindlich gegen derartige Zwischenfälle, nahm diesmal die ziemlich lang andauernde Heiterkeit mit gutem Humor auf und wiederholte, während er eine der Schnitten triumphierend in die Höhe hielt: ›Pour une omelette …‹

… Um neun Uhr brach man auf.«

Immer wieder hat Fontane den Fischreichtum der Provinzen beschrieben. Ein Zitat aus den *Wanderungen durch die Mark Brandenburg* möge für alle stehen. Da geht es um das Oderbruch.

»Alle Jahre stand das Bruch zweimal unter Wasser, nämlich im Frühjahr um die Fastenzeit, nach der Schneeschmelze an Ort und Stelle, und um Johanni, wenn der Schnee in den Sudeten schmolz und Gewitterregen das Wasser verstärkten. Dann glich die ganze Niederung einem gewaltigen Landsee, aus welchem die höher gelegenen Teile hervorragten; ja selbst diese wurden bei hohem Wasser überschwemmt.

Wasser und Sumpf in diesen Bruchgegenden beherbergten natürlich eine eigne Tierwelt, deren Reichtum, über den die Tradition berichtet, allen Glauben übersteigen würde, wenn nicht urkundliche Belege diese Tradition unterstützten. In den Gewässern fand man: Zander, Fluß- und Kaulbarse, Aale, Hechte, Karpfen, Bleie, Aland, Zährten, Barben, Schleie, Neunaugen, Welse und Quappen. Letztere waren so zahlreich (zum Beispiel bei Quappendorf), daß man die fettesten in schmale Streifen zerschnitt, trocknete, und statt den Kiens zum Leuchten verbrauchte. Die Gewässer wimmelten im strengsten Sinne des Wortes von Fischen, und ohne viele Mühe, mit bloßen Handnetzen, wurden zuweilen in Quilitz an einem Tage über 500 Tonnen gefangen. In den Jahren 1693, 1701 und 1715 gab es bei Wriezen der Hechte, die sich als Raubfische diesen Reichtum zunutze machten, so viele, daß man sie mit Keschern fing und selbst mit Händen greifen konnte. Die Folge davon war, daß in Wriezen und Freienwalde eine eigne Zunft der Hechtreißer existierte. An den Markttagen fanden sich aus den Bruchdörfern Hunderte von Kähnen in Wriezen ein und verkauften ihren Vorrat an Fischen und Krebsen an die dort versammelten Händler. Ein bedeutender Handel wurde getrieben, und der Fischertrag des Oderbruchs ging bis Böhmen, Bayern, Hamburg, ja die geräucherten Aale bis nach Italien. Kein Wunder deshalb, daß in diesen Gegenden unter allem Haus- und Küchengerät der Fischkessel obenan stand und so sehr als wichtigstes Stück der Ausstattung betrachtet wurde, daß er, nach gesetzlicher Anordnung, beim Todesfalle der Frau, wenn andres Erbe zur Verteilung kam, dem überlebenden Gatten verblieb.«

Forellen und Steinbutt kochen

In den Kochbüchern des vorigen Jahrhunderts steht immer kurz und bündig: »... werden sie in Wasser und Salz gar gekocht ...«
Heute bereitet man zuerst eine Fischbouillon zu. Dafür putzt man Gemüse und schneidet es klein:

Fischbouillon

2 kleine Mohrrüben
1 Stange Lauch
1 Zwiebel
1 Petersilienwurzel
2 TL Salz

Forellen kochen

Man kocht das Gemüse im Fischkessel mit 2–3 l Wasser und 2–3 Pfefferkörnern eine gute halbe Stunde und gießt dann 1/8 l feinen Weinessig dazu. In diesem Fond wird blau gekocht: Dazu darf die Haut der Forellen, die mit einem glasklaren Schleim überzogen sind, nicht verletzt werden, auch nicht beim Ausnehmen. Sie werden vorsichtig innen leicht gesalzen. Dann senkt man sie auf den Einsatz des Fischkessels oder auf dem Sieblöffel ins leise kochende Wasser, verringert die Hitze und läßt sie 10–12 Minuten gar ziehen. Vorsichtig herausheben, wieder etwas abtropfen lassen, auf eine vorgewärmte Platte legen und mit Petersilie und Zitronenscheiben garnieren.

Steinbutt kochen

Den Steinbutt kann man ebenfalls in dieser Fischbouillon gar ziehen lassen, oder man bereitet eine andere zu:
2 l Wasser, 2 TL Salz und 2 Tassen Milch mit den Scheiben einer unbehandelten Zitrone im Fischkessel oder in einem großen flachen Topf aufkochen lassen und dann sofort verwenden. Den Steinbutt gart man in Tranchen, pro Portion etwa 300 g. Diese Fischstücke unter fließendem Wasser rasch säubern, mit dem Schaumlöffel in den kochenden Sud hineingeben und etwa 20 Minuten gar ziehen lassen.
Zur Forelle reicht man zerlassene Butter, zum Steinbutt eine Holländische Sauce.

Die schlichte Eleganz der Gesellschaft

In Berlin kamen Treibhäuser in Mode. In *L'Adultera* wird diese Mode der Gewächshäuser noch übertroffen. Man geht nach dem Diner in den Garten, in den *Orchard*, und pflückt sich dort eigenhändig die Erdbeeren, ein erlesenes Dessert nach einem ebenso exquisiten Diner, das die van der Straatens im Speisesaal mit den Gemälden zum Abschied der Wintersaison gaben, am Abend bevor sie aus der Stadtwohnung in der Großen Petristraße in die Villa im Tiergarten zogen. Zum Souper hatten sie Montefiascone getrunken, zum Braten mit den Spanischen Zwiebeln Champagner und Lacrimae Christi.

»Dieser für allerhand Obstkulturen bestimmte Teil des Parkes lief, an sonnigster Stelle, neben dem Fluß entlang und bestand aus einem anscheinend endlosen Kieswege, der nach der Spree hin offen, nach der Parkseite hin aber von Spalierwäldern eingefaßt war. An diesen Spalieren, in kunstvollster Weise behandelt und jeder einzelne Zweig gehegt und gepflegt, reiften die feinsten Obstarten, während kaum minder feine Sorten an nebenherlaufenden niederen Brettergestellen, etwa nach Art großer Ananaserdbeeren, gezogen wurden. … im Zentrum der ganzen Anlage, erhoben sich denn auch, nach dem Vorbilde der berühmten englischen Gärten in Kew, ein paar hohe, glasgekuppelte Palmenhäuser …

Wenige Schritte noch, und sie befanden sich wie am Eingang eines Tropenwaldes, und der mächtige Glasbau wölbte sich über ihnen. Hier standen die Prachtexemplare der van der Straatenschen Sammlung: Palmen, Drakäen, Riesenfarren, und eine Wendeltreppe schlängelte sich hinauf, erst bis in die Kuppel und dann um diese selbst herum und in einer der hohen Emporen des Langschiffes weiter.«

Das bürgerliche Abendbrot: Die Kalte Platte

Die Kalte Platte wird immer wieder erwähnt. Effi Briest bricht bei *»Aufschnitt von kaltem Braten«*, also der Luxusversion der Wurstplatte, am Ostseestrand die Ehe. Fontane rettete sich und seinen Magen mit den Zutaten der Kalten Platte über die Fürchterlichkeit der Provinzhotels hinweg, und Leo Poggenpuhl bekam die Abendbrotreste, ein paar kalte Happen. Brot und Wurst oder Fleisch begannen, das typische einfache Abendessen, das *Abendbrot* zu werden.

Die Wurst und ihre edleren Verwandten waren in Berlin immer von allen Seiten freundlich aufgenommen worden. Die Stadt war offen für fleißige Fremde gewesen, und alle hatten ihre Wurstrezepte mitgebracht. Die Hugenotten Saucißchen und die Bockwurst, die Italiener – über den Fürsten Pückler – die Salami, die 1840 zum erstenmal in Berlin hergestellt wurde. Die Teewurst – aus Schweine- und Rindfleisch zu gleichen Teilen – kam von Schlachter Müller aus Rügenwalde, und die Jagdwurst, die nichts mit der Jagd zu tun hat, erfreute sich allgemeiner Beliebtheit.

Die liebste Wurst der Berliner: Die Schlackwurst

In vielen Haushaltungen stellte man die Wurst noch selber nach dem Schlachten her, und wenn man auch mitten in der Stadt keine Schweine oder Kälber mehr aufzog und zu Wurst verarbeitete, so hatte man noch die Wurstrezepte von daheim, Mecklenburg oder Ostpreußen, im Kopf oder fand sie in einem der Berliner Kochbücher. Und wenn man eine Braunschweiger Schlackwurst oder Pommersche Leberwurst oder eine leckere Zungenwurst selber machen wollte, so holte man sich einen Eimer Blut und die sauberen Därme vom Schlachter, den Salpeter aus der Apotheke und wetzte das Messer, um das Fleisch so fein zu wiegen, wie es das Wurstrezept vorschrieb.

Die Schlackwurst wird in einen Darm mit Schlag, das heißt: mit großem Durchmesser, gestopft, so daß von der fertigen Wurst schön große Scheiben geschnitten werden können. Für die Schlackwurst verwendete man den Mastdarm oder die Schweinsblase.

Ein Rezept, das in Berlin sehr beliebt war: »Zur Bereitung der Braunschweiger Schlackwurst nimmt man das schönste Rippen- und Schinkenfleisch, befreit es mit einem Messer auf einem Brette von allen Sehnen, nimmt zu drei Teilen mageren Fleisches einen Teil fettes, schneidet dasselbe in kleine Würfel und hackt beides zusammen recht fein. Damit dieses Wurstfleisch ein recht hochfarbiges rotes Ansehen bekomme, wird nebst wenigem Salz und gröblich zerstossenem Pfeffer auf jedes Pfund ein Teelöffel voll gestossener Salpeter während des Hackens nach und nach hinzugegeben. Wenn alles gut durchgemengt ist, füllt man die Masse in gute Rinderdärme, welche zum Stopfen haltbarer sind als Schweinedärme, stopft sie aber möglichst fest, damit sich keine Luft dazwischen setzen kann, und läßt die gestopfte Wurst eine Nacht ruhig liegen. Am folgenden Tage drückt man sie noch fester zusammen und entladet die Luft, welche sich gesetzt haben sollte, mit Nadelstichen, bindet die Wurst fest zu und hängt sie so lange in einen Wacholderrauch, bis sie eine kastanienbraune Farbe erlangt hat; hierauf nimmt man sie aus dem Rauche und hängt sie in der Speisekammer so auf, daß die Luft sie von allen Seiten umgehen kann.«

Und: Damit sie die Mäuse nicht erwischten.

Wenige Tage danach bezog Effi, von Roswitha unterstützt, ihre Wohnung in der Königgrätzerstraße … Und als das neue Jahr herankam, begann Effi ganz schwermütig zu werden … Und wenn Roswitha mit dem Teebrett kam und außer dem Teezeug auch noch zwei Tellerchen mit einem Ei und einem in kleinen Scheiben geschnittenen Wiener Schnitzel auf den Tisch setzte, sagte Effi, während sie das Piano schloß: ›Rücke heran, Roswitha. Leiste mir Gesellschaft.‹«

In der Sommerfrische

Max Liebermann,
Gartenlokal an der Havel. 1933

Sommerfrische und Landpartie – die neue Lust am Reisen

Die Schauplätze der Fontane-Romane sind immer mehr als beliebige Orte. Sie sind ebenso sorgfältig ausgewählt wie die Namen, und Fontane suchte stets den jeweils richtigen Ort für seine Personen zu finden. Er schickte sie auch gern auf Reisen. Er reiste selber viel und erlebte mit, wie das Reisen Mode wurde.

Das hing mit der Entwicklung der Städte, besonders mit der Hauptstadt Berlin, zusammen. Wenn Fontane in der Potsdamer Straße zum Fenster hinausschaute, wenn er durch die Straßen wanderte, konnte er verfolgen, wie sich die Stadt wandelte. Noch fuhren die Stadtbahnen mit Dampf, noch war das elektrische Stadtbahn-Betriebssystem nicht entwickelt. Erst Siemens & Halske machte es möglich, daß um 1900 die erste S-Bahn, wie sie nun hieß, in Betrieb genommen werden konnte. Und draußen auf dem freien Gelände hinter den Lichterfelder Kasernen experimentierte seit 1891 Otto Lilienthal mit seinem Flugapparat. Fontane wird in der Zeitung gelesen haben, daß er 1895 abstürzte.

Mark Twain, der durch Europa reiste, nannte Berlin das »Spree-Chicago«. Und in der Tat: In der Stadt Berlin, seit 1871 Hauptstadt des Deutschen Reiches, wurde es eng. In *Stine* strömen *»Borsig und Schwartzkoppen seine grade die Straße runter«*, und die Arbeiter aus diesen beiden größten Maschinenfabriken, Borsig und Schwartzkopff, wohnten in der Umgebung der Fabriken, die noch innerhalb der Stadt lagen. Sie wohnten in fünf- bis sechsstöckigen Mietskasernen mit mehreren Hinterhöfen, zwischen kleinen Handwerksbetrieben, Läden und Kellern, und Mark Twain, der auf seiner Europareise 1891 einige Wochen in Berlin verbrachte, notierte »über das deutsche Chicago«: »Die Haupt-

H. Lüders, *Am Kranzlereck Unter den Linden Ecke Friedrichstraße*. Um 1880

masse der Stadt macht den Eindruck, als sei sie vorige Woche erbaut worden; der Rest wirkt eine kaum wahrnehmbare Schattierung gesetzter und sieht aus, als wäre er sechs oder vielleicht sogar acht Monate alt.«

Im Sommer lag dicker, stickiger Dunst über der Stadt, und wer es einrichten konnte, verließ Berlin. Die Grundstückspreise waren im Lauf des 19. Jahrhunderts von ein paar Mark für den Quadratmeter auf über tausend gestiegen, ein weiterer Anlaß zur Stadtflucht. So dehnte sich Berlin nach allen Seiten auf das Umland aus, im Westen nach Charlottenburg und Wannsee und im Süden bis nach Dahlem und an den Schlachtensee.

Die Villa im Grünen als städtische Sommerfrische

Ein neuer wohlhabender Mittelstand ließ dort elegante Villen und Mehrfamilienhäuser nach der neuesten historisierenden

Mode bauen. So entstanden die städtischen Sommerfrischen wie überall in Europa um die alten Metropolen herum.

Fabrikanten, Bankiers und reich gewordene Bürger bauten sich wie die Patrizier in Florenz oder Venedig ihre Villa auf dem Lande, weit genug entfernt, um eine sichere Fluchtburg zu sein, aber auch wiederum dicht genug an der Hauptstadt, um in höchstens einem Tagesritt erreicht zu werden. In Hamburg wuchs eine weiße Villa neben der anderen am Harvestehuder Weg, der damals nur ein privater Reitweg war. In Wien hatten sich Bürger und Adel ebenfalls in Villen um Schloß Schönbrunn herum im fürstlichen Dunstkreis angesiedelt, und aus Berlin zog man nach Charlottenburg, in die Nähe des Schlosses.

Bei Fontane hat es die Frau Kommerzienrätin geschafft: Sie, die aus der Adlerstraße mitten im Zentrum stammte, wo es nach *»Rührkartoffeln und Karbonade«* roch, residiert nun in der Villa an der Spree und hat es so nicht schlechter als etwa Prinz Louis Ferdinand mit seiner Villa, die freilich eine etwas elegantere Lage hatte. Van der Straatens haben ihre Stadtwohnung in der Großen Petristraße, im Süden der Schloßinsel, also auf der Fischerhalbinsel, zwischen Schloß und Spittelmarkt. Im Sommer, nach den Eisheiligen, ziehen sie in die Villa im Tiergarten und geben am Abend vor der Abreise dorthin ein Abschiedsdiner im Speisesaal, noch einmal ganz zeremoniell mit Tischkarten, ehe es ins ländlich Lockere geht.

Die neue Lust: Das Reisen

Die bürgerliche Gesellschaft und die bürgerlich werdende Adelsgesellschaft konnte sich das leisten, was – nur von Kriegen unterbrochen – die Lust der Deutschen werden sollte: das Reisen.

Das hatte nur noch entfernt etwas mit dem Wandern zu tun, das einst Gottfried Seume bis nach Syrakus gebracht hatte. Das Wandern war noch keine Sommerfrische, zum Wandern gehörten

Adolph Menzel, *Reisepläne*. 1875

der Knotenstock und der Rucksack, der Hut gegen die Sonne, ein Regenumhang gegen Nässe und Kälte. Und keine Furcht oder Scheu, unter Gottes freiem Himmel oder in einer Gaststube mit anderen Wandergesellen auf der schnell aufgeschütteten Streu zu schlafen, falls man nicht von Gastgeber zu Gastgeber wanderte, jeden Abend an einer anderen Tafel saß, jeden Abend ein anderes Essen vorgesetzt bekam und dann gemütlich an fremden Kaminen erzählte und erzählt bekam, während ein dienstbarer Geist die Wanderkleidung ausstaubte, klopfte, flickte, wusch und am Küchenfeuer trocknen ließ.

Wandern war eine Sache für Männer. Gewandert und von Wanderabenteuern erzählt wird, seitdem es eine Literatur gibt, seit den Märchen und den Sagen, bis hin zu Fontanes *Wanderungen durch die Mark Brandenburg*. Wie sich die Berliner Gesellschaft dabei kleidete, wird in *Cécile* beschrieben, und der Imbiß steckte in einer Botanisiertrommel.

Aber wenn zum Wandern eine Frau mit Krinoline oder Cul de Paris gehört, wenn sie eine Kammerjungfer mit auf die Reise nimmt, dann wandelte sich notwendigerweise der Reisestil. Sie reiste mit der Postkutsche, wurde von Moritz von Schwind gemalt, das Horn des Postillions schallt durch die Dichtung der Romantik, Waldeinsamkeit und Poststationen gehören dazu, an denen die Pferde gewechselt und wieder Geschichten ausgetauscht werden, während das gebratene Huhn auf den Tisch und das Bier in den Krug kommt. Die Angehörigen der besseren Gesellschaft fuhren in Gesellschaft per Postkutsche oder mit der eigenen Kalesche zur Kur und tranken Brunnen, um etwas von dem loszuwerden, was sich nach all den köstlichen Diners und Soupers der Saison auf Bauch und Rippen abgelagert hatte.

In dem Maße, in dem sich das Eisenbahnnetz über die deutschen Fürstentümer spannte und im Lauf der wirtschaftlichen Union miteinander verknüpft und endlich zur Deutschen Reichsbahn wurde, wurde es nicht nur leichter, zu reisen und das notwendige Gepäck mit sich zu führen, sondern für viele überhaupt erst möglich.

Das demokratisierte die Sommerfrische. Wie per Eisenbahn zum erstenmal Seefische relativ frisch von den unterdessen ebenfalls preußisch gewordenen Ost- und Nordseeküsten nach Berlin transportiert werden konnten, so transportierte die Eisenbahn die Berliner an die Nord- und Ostsee, zur Sommerfrische bei Fischern und in Frühstückspensionen oder zu findigen Hoteliers, die ihre weißen Paläste in den Sand setzten. Heringsdorf, Ahlbeck, Ludwigslust und Zoppot bei Danzig wurden Ferienorte und so elegant wie Berlin.

Die erste Lokomotivbahn in Preußen fuhr 1838 von Potsdam nach Zehlendorf, im Herbst desselben Jahres schon die 26 km von Potsdam nach Berlin. Aber der preußische Staat war anfangs nicht sonderlich an dieser Technik interessiert und ließ die Bürger bauen. So betrug 1850 die Länge der Staatseisenbahnspuren in Preußen 87 km, die der Privatbahnen 2900 km. Vor allem die reichen Mittel der französischen Kriegsentschädigung nach 1871 begünstigten die Entwicklung von Staatseisenbahnen erheblich. 1890 gab es nur noch 1400 km Privatbahnen, aber 25 000 km Staatseisenbahnen. Das Land war also erschlossen, und wer nicht wie Max Liebermann die frische Seeluft liebte und an die holländische Küste reiste, der zog ins Gebirge – so wie Fontane im Sommer gern in den Harz oder ins Riesengebirge fuhr.

Noch war das alles im wahrsten Sinn des Wortes eine Sommerfrische. Noch gehörte außer moderatem Wandern keinerlei Sport dazu. Und noch reiste man nicht im Winter.

Eine Art Sommer-Salon

Die Sommerfrische war ein Ort zum Erholen und Verweilen, eine Art Sommer-Salon, je nach Stand und Anspruch. Und sie war en vogue, man reiste in die Sommerfrische, die ganze Familie, Ehemann und Ehefrau, manchmal samt Dienerschaft und Strohkörben mit eigenem Bettzeug. Man machte Reisebekanntschaften – ein ganz neues Wort – und traf sich in der Sommerfrische im nächsten Jahre wieder. Wenn auch etwas lässigere Regeln galten, so waren jene, die zur Gesellschaft gehörten, auch im Grünen an den Verhaltenskodex ihrer Klasse gebunden, wohnten zum Beispiel im »richtigen« Hotel und machten ihre Ausflüge nur mit den »richtigen« Bekannten.

Die Lässigkeit der Ferien zeigt Fontane am üppigen Frühstück – in *Cécile* gehören zwei Eier pro Person, Mokka und Wabenhonig dazu: *»Alles frisch vom Faß! Echt, echt!«* – oder am gelockerten Menü.

Fontane beschreibt auch einen Sommerfrischentag im Spreewald, den er selbst erlebt hat und an dem das Mittagessen aus nur einem einzigen Gericht bestand: aus Hecht. Aber vor welcher Kulisse! *»Der Tisch mit dem weißen Linnen steht unter einer mächtigen Linde, vor uns haben wir das Haus, hinter uns die Spree und den Wald. Neben uns, zwischen dem Haus und den Stallgebäuden, wölbt sich eine* *hohe Laube von Pfeifenkraut, und in dem Eingang zur Laube, wie Puck auf einem Pilz, sitzt die jüngste Enkelin auf einem Erlenstumpf und sieht, das lachende Gesicht unter dem roten Kopftuch halb verborgen, neugierig-verschämt zu uns herüber. Und nun das Mahl selber!*

Das wäre kein Spreewaldsmahl, wenn kein Hecht auf dem Tisch stände, und das wäre kein Hecht, wenn ihn nicht die berühmte Spreewaldssauce begleitete, die mir wichtig genug erscheint, um hier das Rezept in seinen äußersten Umrissen folgen zu lassen. Das Geheimnis dieser Sauce ruht in der kurzen Formel: wenig Butter, aber viel Sahne.«

Das Schmerlen-Essen in Altenbrak an der Bode

Fisch, das Geschöpf des Elementes Wasser, leicht, geschmeidig, spielt auch in *Céciles* Sommerfrische eine Rolle. Wieder weißes Linnen und Blumen, die liebliche Kerbelsuppe – das genoß man, wenn man im Hotel Zehnpfund abgestiegen war.

Das Hotel Zehnpfund lag in Thale im Harz, dem Bahnhof gegenüber, und war das, was man ein bürgerliches Hotel nannte – den St. Arnauds gesellschaftlich eigentlich nicht angemessen, in Wahrheit aber eben doch. Da wurde nun geklettert, auf Burgen gestiegen und in Landgasthäusern ein einfaches Mittagsmahl eingenommen – und dann ging es so zu:

»*Als man … gemeinschaftlich auf die Veranda trat, sah man, wie schon die Vorbereitungen zum Mittagsmahl getroffen und Tisch und Stühle, der bessern Aussicht halber bis hart an die Holzpfeiler vorgerückt waren. Weißes Linnen kam und Blumen …*« Das Mahl wurde »*mit einer kleinen Überraschung*« eingeleitet. »*Die Frau Präzeptorin hatte nämlich über die vereinbarten Gänge hinaus für ein Extra Sorge getragen, für eine Kerbelsuppe, hinsichtlich deren ihr Haushalt ein Renommee hatte.*

›Ach, Kerbel‹, sagte der Oberst, als der Deckel abgenommen wurde, ›… Meine ganze Jugend steigt dabei wieder vor mir auf. Alle Mittwoch, solang es Kerbel gab, gab es auch Kerbelsuppe, das war wie das Amen in der Kirche, Kerbel und dann Reis und Saucischen.‹« Hierzu aber gab es: »*Nicht Wein, nichts Fremdes. Braunschweiger Landesgebräu … Also sagen wir Braunschweiger Mumme.*« Sie entschieden sich dann jedoch für »*ein einfaches Blankenburger Bier, das denn auch in Deckelkrügen aufgetragen wurde … In diesem Augenblicke kamen die Schmerlen auf einer mit Zitronenscheiben buntgarnierten Schüssel.*«

Theodor Fontane an der *table d'hôte*
im Hotel Zehnpfund in Thale. 1881

Kerbelsuppe

2–3 Zwiebeln
3 EL Fett
1 dicke Scheibe Sellerieknolle
4 große Kartoffeln
1–1 1/4 l Fleischbrühe
Milch oder Sahne
1 Strauß Kerbel

Die Zwiebeln schälen und würfeln, im heißen Fett andünsten, Sellerie und Kartoffeln schälen, würfeln und dazugeben. Auf starker Hitze mit den Zwiebeln andünsten, dann mit der Fleischbrühe aufgießen, einmal aufkochen lassen, die Hitze vermindern und alles zugedeckt 30 Minuten simmern lassen. Durch ein Sieb streichen oder mit dem Pürierstab zermusen. Nach Belieben mit etwas Milch oder Sahne auffüllen, abschmecken, einen Strauß Kerbel – ohne Stiele – fein wiegen und direkt vorm Servieren auf die Suppe streuen.

Schmerlen

Pro Person 6–12 Schmerlen
Etwa 50 g Butter
Salz und Pfeffer

Schmerlen werden wie Stinte, zu deren Familie sie gehören, geputzt und unter fließendem Wasser nur ausgenommen. Sie bleiben ganz und können in Mehl gewälzt werden, das mit einer Prise Salz und Pfeffer gewürzt wird. Rasch in heißer Butter von beiden Seiten braten. Sie sind in Minuten gar.
Zur Vorspeise rechnet man drei Stück pro Person, zum Hauptgericht braucht man mindestens ein halbes Dutzend. Schmerlen-Liebhaber mögen mehr.

Nach einem alten Rezept aus dem *Berliner Kochbuch für bürgerliche Haushaltungen* werden die kleinen Fische so zubereitet:

»***Schmerlen zu kochen.*** *Wenn die Schmerlen zurecht gemacht sind, werden sie in einem Blechsieb mit kochendem Essig übergossen und gleich darauf in einem Kessel mit kochendem Flußwasser und etwas Salz einige Mal aufgekocht, wo sie dann bald gar werden. Man läßt sie nun rein ablaufen und gießt in einer Schüssel so viel Essig darüber, daß sie nur eben damit bedeckt sind. Hierauf werden sie mit feingehackter Petersilie überstreuet und entweder warm oder kalt gegessen.*«

Dem zarten Geschmack dieser Fische entspricht die erste Zubereitungsmethode jedoch mehr, wobei auch Fontane ganz offensichtlich auf etwas Saures nicht verzichten mochte, aber bei ihm ruhen die Fische nur im Kranze von Zitronenscheiben, und man kann sich ihrer bedienen oder auch nicht.

Die table d'hôte

Zur Sommerfrische im Hotel gehörte die *table d'hôte*, der »Tisch«, den der »Gastgeber«, in diesem Fall der Hotelier, seinen Gästen deckte und auf den er von den Kellnern – nach der klassischen Methode, die Eduard von Malortie beschrieb – das servieren ließ, was in seiner Küche gekocht wurde. Es gab ein Menü, Sonderwünsche wurden je nach allgemeiner Vereinbarung oder jeweiliger Absprache zum entsprechenden Aufpreis berechnet. Dieses Menü war, wenn die Gerissenheit des Wirts seine Klugheit überstieg, geradezu fürchterlich. So konnte der Begriff der *table d'hôte* in manchen Etablissements zum Schrecken aller Gäste werden. Cécile kostete vom *Ragout fin en coquille*, in dem der sparsame Koch alle Fleisch- und Gemüsereste vom Vortag in einer weißen Sauce zu verwenden pflegte, *»nur ein paar Bröckchen«* und hatte *»zwei andere auf der Gabelspitze gelassen«*.

Das wurde zusätzlich dadurch unangenehmer, daß alle Gäste gezwungen waren, an einem Tisch zu sitzen und zu den Mittagsmahlzeiten so pünktlich wie im Internat zu erscheinen, weil die Suppe Schlag zwölf Uhr ausgeteilt wurde. Der Oberkellner bat dann – wie im Hotel Zehnpfund – die Gäste, die für sie bestimmten Plätze einzunehmen.

Ein strenges Reglement also ausgerechnet in den Ferien, das die Diners der Gesellschaft buchstabengetreu nachahmte und manchmal wie eine gespenstische Karikatur wirkte, weil ihm gerade das fehlte, was Fontanesche Geselligkeit auszeichnete: die klug bedachte Auswahl der Gäste, die das so geschätzte und in allen Romanen in seiner geistreichen Leichtigkeit vorgeführte Tischgespräch förderte. In diesem Fall war das Zeremoniell bei Tisch – bis zur bewußt geplanten Tischordnung – keine formale Schablone, sondern im Gegenteil: Diese Konvention erlaubte den Gästen erst, sich freundschaftlich und frei zu entfalten.

Bei der *table d'hôte* jedoch konnte man nur auf das Glück hoffen, nicht gerade in den Sommerferien solche Leute Mittag für Mittag dicht bei sich zu haben, mit denen man sich freiwillig nie an einen Tisch gesetzt und erst recht kein Wort gewechselt hätte. Der *table d'hôte* konnte man nur entkommen, wenn man von vornherein mit Freunden oder Familienangehörigen in die Sommerfrische reiste, so daß man zwar nicht allein und frei und ungebunden war, dafür aber wenigstens in der vertrauten Gesellschaft.

Seine Meinung hat Fontane 1891 in einem Brief an die Tochter Mete ausgesprochen, in dem er von der Sommerfrische auf Rügen und von seinem eigenen Ausweg berichtete:

»Ich finde mehr und mehr, daß das Selbstwirthschaftführen die einzige Form ist, wie man die Sache aushalten kann. Nur also wenn wir Anna (das Dienstmädchen) mitnehmen, ließe sich von Rügen reden. Das Hôtel- und Restaurationsessen ist unerträglich; entweder ist es so schofel, daß man von dem Jammerzeug nicht leben kann oder wenn man leidlich verpflegt wird, kommt man um vor prätentiöser Oede und Langeweile. Daß man angenehme Menschen findet, ist das große Loos, man kann nicht darauf rechnen, Regel ist, daß man aus den unangenehmsten Empfindungen gar nicht herauskommt. Heute aßen wir bei ›Braun‹, wo man uns gesagt hatte, daß es herrlich sei. Eine furchtbare Suppe; dann warteten wir eine halbe Stunde auf den Fisch, der kommen soll, er kommt aber nicht; Kellner laufen schweißtriefend auf und ab und sagen in einem fort ›Pardon‹, so daß tathsächlich die Luft davon schwirrt … So verging qualvoll die Zeit, immer noch kein Fisch und wüthend schmiß ich ein 5 Markstück auf den Tisch und ging weg und werde dies berühmte Lokal nicht wiedersehen. Das alles war an einem kleinen Einzeltisch, sitzt man an einer langen Tafel, so ist es noch gräßlicher.«

Wenn Fontane alleine reiste, hielt er es schon lange so: *»… mit der table d'hôte-Wirthschaft kann ich mich nun mal nicht befreunden, es ist im höchsten Maße langweilig, theuer und ungesund. Seit gestern*

Fontane und seine Tochter Mete
in der Sommerfrische in Arnsdorf,
1886

lass ich deswegen ein Frühstück oder ein Vesper an die Stelle des Mittagtisches treten; ich trinke eine Tasse Bouillon, dann kalten Braten (wodurch ich der gräßlichen Sauce entgehe) mit Brot, Butter und Wein, und dann eine Tasse Kaffee oder Thee. Dabei kann ich bestehen. Einmal des Tages brauch ich nur zu essen; ich lebe hier buchstäblich von der Luft.«

Das hat Theodor Fontane 1882 seiner Frau aus Norderney geschrieben. In seinen Lebenserinnerungen *Von Zwanzig bis Dreißig* widmet er ein ganzes Kapitel dem Thema *»Die Sommerfrischen«*. Darin heißt es:

»Die fingen en famille mit dem Jahr 70 an und haben sich durch zwanzig Jahre fortgesetzt. Ich blieb immer in Norddeutschland: Mecklenburg, Norderney, Harz, Thüringen, Schlesien. In Schlesien war ich mit besonderer Vorliebe. Überall herum im Hirschberger und Schmiedeberger Tal: Hermsdorf, Schreiberhau, Krummhübel, Erdmannsdorf, Buchwald, am häufigsten in Krummhübel. In diesen Sommerfrischen habe ich viele meiner Romane geschrieben und überhaupt sehr glückliche Tage gelebt. Aber zuletzt ging es nicht mehr. Diese ländlichen Gebirgsaufenthalte, gleichviel wo, sind entzückend, solange man jung ist oder sich jung fühlt, was dasselbe bedeutet. Aber es ist vorbei damit, sowie die Kräfte nicht mehr ausreichen, in die Berge zu steigen und sich an dem Ozon der Berge für all das schadlos zu halten, was die Aufenthalte als solche an einem verbrechen. Diese Verbrechen sind groß: die Verpflegung ist miserabel, der Komfort null, die Wohnung noch miserabler. Entweder man wohnt in einer Laterne, darin man sich vor Morgen- und Mittagssonne nicht lassen kann, oder man wohnt sonnenlos, so wachsen die Pilze aus der Erde, und alles riecht nach Mutter und Schimmel. Die Mäuse laufen einem über das Bett; wenn man einschlafen will, blaffen die Hunde, worauf die der Nachbardörfer antworten, wenn man endlich eingeschlafen ist, krähen die Hähne, und die pralle Morgensonne fällt einem aufs Bett. Daß man trotzdem in leidlicher Verfassung, ist eine Frage der Luft, die Nerven überanspannt

und es zuwege bringt, daß man sich eines hohen Gesundheitsgefühls rühmt, das aber eigentlich nur eine Nervenüberreizung ist. Von dem Augenblick ab, wo einem dies klar wird, ist dieser ganze Himmel entgöttert, und man macht, daß man ihn verläßt mit dem festen Entschluß, ihn nicht wieder aufzusuchen. Sommerfrischen für den, der jung ist oder es sein will. Aber erhebt man diesen Anspruch nicht mehr und sehnt man sich nicht nur nach Luftfrische, sondern auch nach Behagen, so findet man diese Vereinigung von Luft und Licht und Frische und von Komfort und Behagen nur in den großen Bädern, deren Deutschland, Gott sei Dank, so viele hat: Interlaken, Ragaz, Baden-Baden, Wiesbaden, Kissingen, Karlsbad, die man aufsuchen kann, auch ohne Kurgast zu sein. Ich habe mich schließlich ganz zu diesen bekehrt.«

Die Landpartie in die geliebte Nähe

Die Landpartie ist eine kleine Schwester der behäbigen Sommerfrische, und zur Landpartie läßt Theodor Fontane seine Berliner immer wieder ausschwärmen. Eins seiner Gedichte beginnt so:

Ein Vergnügen eigner Art
Ist doch eine Wasserfahrt,
Und ein Vergnügen (frage nicht wie)
Ist eine Berliner Landpartie.
Vorortszug mit einem Bremser,
Droschke, Dampfschiff oder Kremser,
Fahnen, rote, blaue, gelbe,
Das Vergnügen ist dasselbe,
Welches Bild schon unterweges,
Welche Fülle goldnen Seges,
Goldner Sand im weiten Kreise,
Bahndamm, Schienen und Geleise,
Pfiff, Geklingel, Klapptrompete,
Lange, lange Spargelbeete,

Nicht mehr Köpfe, nicht mehr Sprossen,
Längst in Samen aufgeschossen,
Staub und Qualm und Hochstrom ah,
Ah nun kommt's, nun sind wir da …

Abwechslungen, Eindrücke, genau beobachtet, halb Spott, halb Erinnerung an ein Vergnügen, das es immer gewesen sein muß, wenn Fontane seine Mansardenwohnung in der Potsdamer Straße verlassen und hinausfahren konnte:

Lange Reihen Tische, Tische,
Neu gestrichen, welche Frische,
Freilich etwas Terpentinen,
Aber dafür welche Mienen,
Alles atmet tiefen Frieden …

Das aber war schon zu Beginn des Massentourismus das Problem: Wenn jeder tiefen Frieden haben will und gleichzeitig mit schallender Stimme ruft:

Kaffee! Kellner, drei Portionen …

So ist die nächste Gedichtzeile trotz des versöhnlichen Reims reine Ironie:

O wie lieblich hier zu wohnen …

Dennoch werden die darauffolgenden Verse sicher gestimmt haben:

O wie weht die Luft hier freier,
Und der Teich und der Weiher
Und das liebe Schwanenhaus,
Enten fahren ein und aus ...
Und nun kommt der Kellner Töffel
Dicke Tassen, Nickel-Löffel,
Einige dünn und vorwurfsfrei,
Andere noch mit etwas Ei.
Drei Stück Zucker pro Person,
Und der Deckel klappert schon.
Mokka, Java sind Nationen,
Die weit auf dem Monde wohnen.
Mutter rechnet, die zu sparen liebt,
Ob es was zu retten gibt.

Nickel ist ein Metall, silberweiß, und es läßt sich gut legieren und zum Vernickeln (Galvanisieren) verwenden. Besteck aus Nickel nannte man Neu- oder Hotelsilber, und es gehört zu einer Reihe von ähnlichen Erfindungen, die preiswerte Ersatzstoffe für das boten, was bisher der Gesellschaft oder den Reichen vorbehalten war. Nickelbesteck also statt Silber, aber in den gleichen Formen und Mustern, Stearin- oder Paraffin-Kerzen seit etwa 1840 statt Wachskerzen, mechanisch bedrucktes Steingut statt handgemalten Porzellans, Preßglas statt mundgeblasenen Kristallglases und maschinell gewebter statt handgewebten Damastes aus maschinengezwirntem Garn – das alles erlaubte den Bürgern, so prachtvoll zu tafeln wie der Kaiser und sein Hofstaat, nur wesentlich billiger.

Und wenn sie mit dem Kremser zum Essen ins Grüne fuhren, mit dem um 1825 in Berlin eingeführten Pferde-Omnibus, so brauchten sie keinen eigenen Wagen und amüsierten sich dabei doch »*wie Bolle auf dem Milchwagen*«. Die Landpartie also auch als preiswertes Vergnügen, und während sich die Mutter um die Kinder kümmert, die »*im Walde schwärmen*«, Scheiben schießen, »*Wasserfahren*«,

Hat Vater sich ein Herz genommen,
Läßt sich einen Cognac kommen,

den er mit fünfzehn Pfennigen gleich heimlich bezahlt:

... unter Gähnen, Mückenmorden
Ist es endlich sieben geworden,
Mutter macht sich schon bereit,
Mann, ich denk, es ist nu Zeit,
Möchte gern noch länger bleiben,
Doch man muß nicht übertreiben,
Wenn am höchsten der Genuß,
Allemal man schließen muß ...

Berlin lag in einem Kranz solcher Ausflugslokale für eine Landpartie. Fontane liebte offenbar das Eierhäuschen ganz besonders. Das war tatsächlich ein Gartenlokal an der Oberspree, südöstlich von Berlin, wie Fontane beschreibt, mit der Eisenbahn leicht zu erreichen. »*Unsere Landpartieler hatten sich an zwei dicht am Ufer zusammengerückten Tischen niedergelassen, eine Laube von Baumkronen über sich. Sperlinge hüpften umher und warteten auf ihre Zeit ...*« Und dann der Abend: »*... auch auf dem drüben am anderen Ufer sich hinziehenden Eisenbahndamme zeigten sich allmählich die verschiedenfarbigen Signale, während mitten auf der Spree, wo Schleppdampfer die Kähne zogen, ein verblaktes Rot aus den Kajütenfenstern hervorglühte. Dabei wurde es kühl, und ... nicht mehr lange, so stand auch schon ein großes Tablett mit Gläsern und Flaschen vor* *ihnen und dazwischen ein Deckelkrug, aus dem, als man den Deckel aufklappte, der heiße Wrasen emporschlug.«*

Das war der schwedische Punsch, der im *Stechlin* bei einem Ausflug der Barbys und Berchtesgadens mit Woldemar von Stechlin serviert wird. Dazu gibt es bayerisches Löwenbräu und Wiener Würstchen, was das verblüffend Internationale des Angebots charakterisieren soll. Doch stammen die Wiener keinesfalls aus Wien, sondern sind echte Berliner. Diese vergleichsweise langen Brühwürste hat ein Schlachtermeister Wien am Hackeschen Markt zum erstenmal in besonders zarte Därme gefüllt. Aber dem Wiener Würstchen geht es wie dem Kaßler Rippenspeer: Auch der Kaßler hat nichts mit der hessischen Hauptstadt zu tun, sondern alles mit dem Berliner Fleischermeister Cassel.

Das Rippenspeer war der alte Spießbraten, und ein Rippen-, also Rückenstück vom Schwein, am Speer stundenlang über der Glut gedreht und geröstet, war schon immer ein beliebter Gustobraten. Cassel hatte das Rezept der neuen Küchen- und Herdtechnik angepaßt, hatte den Schweinerücken gepökelt und nur leicht geräuchert, um ihm das vertraute Aroma zu belassen. So wurde der Kaßler Rippenspeer im Topf gebraten – noch besser und zarter wird er jedoch, wenn man ihn langsam in Wasser kocht.

Aber noch einmal zurück an die Spree: In einem Brief an die Tochter Mete skizzierte Fontane das Eierhäuschen 1884 als absolute Sommeridylle: *»Das Eierhäuschen hat für eine Abendpartie etwas Anheimelndes und ich sehe am Wasser hin die weiß gedeckten Tische stehn, auf denen das Schnittlauch-Rührei lacht.«*

Bescheidene Genüsse eines Großstädters, der genug gereist war, um die Stille am Wasser recht schätzen zu können, gleichgültig, wo das Wasser im Abendlicht lag. Je älter Fontane wurde, desto lieber fuhr er *»auf die Dörfer«*, und das geschieht auch oft in seinen Romanen.

Bei *Schach von Wuthenow* bricht man gleich nach dem späten Mittagessen auf und fährt zum Kaffee ins Gasthaus, nach Tempelhof. »*In raschem Trabe ging es die Friedrichstraße hinunter, erst auf das Rondell und das Hallesche Tor zu, bis der tiefe Sandweg, der zum Kreuzberg hinaufführte, zu langsamerem Fahren nötigte … Endlich war man den Abhang hinauf, und über den festen Lehmweg hin, der zwischen den Pappeln lief, trabte man jetzt wieder rascher auf Tempelhof zu. Neben der Straße stiegen Drachen auf, Schwalben schossen hin und her, und am Horizonte blitzten die Kirchtürme der nächstgelegenen Dörfer.*« Und dann noch eine Weile, und der Wagen »*bog … in die große, mit alten Linden bepflanzte Dorfgasse von Tempelhof ein*«. Da wird nun im Garten des Gasthauses, mit Blick auf die Dorfstraße, der Kaffee genommen, im Schatten eines Ahornbaumes und beim Gezwitscher der Vögel.

Auf der Veranda in Löbbekes Gasthaus in Stralow an der Spree

In *L'Adultera* ist es Löbbekes Kaffeehaus in Stralow an der Spree, wo die Herrschaften auf der Veranda Platz nehmen und das klassische Berliner Sommeressen bestellen: Aal mit Gurkensalat, Huhn mit neuen Kartoffeln, dazu die »kühle Blonde«.

»Gegenüber stand ein kleines Haus, wie das Pfefferkuchenhaus im Märchen, bräunlich und appetitlich und so niedrig, daß man bequem die Hand auf die Dachrinne legen konnte. Dieser Niedrigkeit entsprach denn auch die kaum mannshohe Tür, über der, auf einem wasserblauen Schilde, ›Löbbekes Kaffeehaus‹ zu lesen war. In Front des Hauses aber standen drei, vier verschnittene Lindenbäume, die den Bürgersteig von dem Straßendamme trennten, auf welchem letzteren Hunderte von Sperlingen hüpften und zwitscherten und die verlorenen Körner aufpickten.

›Dies ist das Ship-Hotel von Stralow‹, sagte van der Straaten im Ciceroneton … Drinnen waren ein paar absteigende Stufen, weil der Flur um ein Erhebliches niedriger lag als die Straße draußen, weshalb denn auch den Eintretenden eine dumpfe Kellerluft entgegenkam, von der es schwer zu sagen war, ob sie durch ihren biersäuerlichen Gehalt mehr gewann oder verlor …

Am Ausgange des Flurs zeigte sich eine noch niedrigere Hoftür und dahinter kam ein Garten, drin, um kümmerliche Bäume herum, ein Dutzend grüngestrichene Tische mit schrägangelegten Stühlen von derselben Farbe standen … Van der Straaten wies ironischen Tons auf all diese Herrlichkeiten hin … und stieg dann eine kleine Schrägung nieder, die, von dem Sommergarten aus, auf einen großen, am Spreeufer sich hinziehenden und nach Art eines Treibhauses angelegten Glasbalkon führte. An einer der offenen Stellen desselben rückte die Gesellschaft zwei, drei Tische zusammen und hatte nun einen schmalen, zerbrechlichen Wassersteg und links davon ein festgeankertes, aber schon dem

Nachbarhause zugehöriges Floß vor sich, an das die kleinen Spreedampfer anzulegen pflegten.

Rubehn erhielt ohne weiteres den besten Platz angewiesen, um als Fremder den Blick auf die Stadt frei zu haben, die flußabwärts im rot- und golddurchglühten Dunst eines heißen Sommertages dalag …

›… Und nun, Arnold, ernenn ich dich, in deiner Eigenschaft als Gabler, zum Erbküchenmeister und lege vertrauensvoll unser leibliches Wohl in deine Hände.‹ …

›Gut. So proponier ich Aal und Gurkensalat … Zugestanden?‹

›Ja‹, stimmte der Chorus ein.

›Und danach Hühnchen und neue Kartoffeln … Zugestanden?‹

›Ja.‹

›Bliebe nur noch die Frage des Getränks. Unter Umständen wichtig genug. Ich hätte der Lösung derselben, mit Unterstützung Ehms und unsres Wagenkastens, vorgreifen können, aber ich verabscheue Landpartien mit mitgeschlepptem Weinkeller. Erstens kränkt man die Leute, bei denen man doch gewissermaßen immer noch zu Gaste geht, und zweitens bleibt man in dem Kreise des Althergebrachten, aus dem man ja gerade heraus will. Wozu macht man Partien? Wozu? frag ich. Nicht um es besser zu haben, sondern um es anders zu haben, um die Sitten und Gewohnheiten anderer Menschen, und nebenher auch die Lokalspenden ihrer Dorf- und Gauschaften kennen zu lernen. Und da wir hier nicht im Lande Kanaan weilen, wo Kaleb die große Traube trug, so stimm ich für das landesübliche Produkt dieser Gegenden, für eine kühle Blonde. Kein Geld, kein Schweizer; keine Weiße, kein Stralow …‹«

Huhn mit neuen Kartoffeln
Das Huhn war über die Mitte des vorigen Jahrhunderts hinaus ein Spießbraten, sehr praktisch für große Familien und für Gasthäuser, weil man auf einen langen Spieß mehrere Hühner hintereinander stecken konnte.

1 Poularde
1–2 TL Salz
1 Strauß Petersilie
6–10 dünne Scheiben Räucherspeck

»Ehe sie an den Spieß kommen«, riet Marie Schreiber in ihrem »Berliner Kochbuch«, »füllt man die Hühner mit gut gewaschener Petersilie, alsdann befestigt man den Kopf unter einem, und den Magen und die Leber unter dem anderen Flügel, und speilert zugleich die Keulen. Dann belegt man sie mit breiten Speckscheiben und umbindet sie mit einem Papier, welches recht stark mit Butter bestrichen ist. So werden sie an den Spieß gebracht und recht fleißig begossen, denn sie werden sehr leicht trocken.«
Auf diese Art und Weise kamen die Brathühner »schön weiß« auf den Tisch, während man heute die braune Kruste schätzt. Im modernen Backofen braucht man auch kein Austrocknen zu fürchten, muß die Poularde nur innen und außen salzen, kann ihr wie oben Petersilie in die Leibeshöhle stopfen und belegt sie immer noch gern mit Speckscheiben, kann aber auf das Papier verzichten.

Der Speck würzt, spart jegliches Begießen, so daß das Huhn so schön knusprig wird, wie wir es heute schätzen.
Eine Poularde von 2 kg ist in etwa 50 Minuten gar, ein Brathähnchen von 1–1,5 kg in 30–40 Minuten.

Das Getränk aus dem eigenen Keller

Rumpelstilzchens Lied aus dem Märchen – »Heute back ich / morgen brau ich« – galt noch in Fontanes Jahrhundert. Bäuerinnen, Stadtbürgerinnen, Gastwirte brauten ihr eigenes Bier, wenn sie sich nicht mit Most oder Wein den Durst stillen konnten, der nicht nur im Sommer gefährlich zu werden drohte. Der Wirt in Thale antwortet auf die Frage nach der Sorte – *»Pilsener oder Kulmbacher?«* – mit *»Beides, meine Herren. Aber wir brauen auch selbst.«*

Noch waren die Brunnen oft nicht gefaßt und lagen dicht neben Kloaken und Misthaufen, die Quellen neben Viehweiden, und die Bäche und Flüsse nahmen Abwässer auf. Man brauchte einen Haustrunk, der relativ frei von dem war, was man erst zu Fontanes Lebenszeit unter dem Mikroskop erkennen und benennen konnte, dessen unheilvolle Wirkung aber alle kannten: Ruhr und Cholera und anderes. Beim Bierbrauen wurde das Wasser mit der hell gebräunten und zerschlagenen Gerste eine Stunde im sogenannten Braukessel gekocht, der Gerstenschrot abgeseiht und die Flüssigkeit abermals eine halbe Stunde mit Hopfen und mancherorts mit Zucker gekocht. Dann wurde der Hopfen abgeseiht und die Flüssigkeit, nun vollkommen sterilisiert, etwas abgekühlt. Zum Schluß bröselte man Hefe dazu, Brauerhefe, füllte das Getränk in Flaschen und stellte sie zugestöpselt im Keller kühl.

Die Geschmacksunterschiede der Biersorten bilden sich bereits während dieses verhältnismäßig einfachen Brauvorganges. Das fängt schon beim Trocknen der gebrochenen und gekeimten Gerste an. Als Grünmalz beginnt sie immer, aber je nach der Temperatur des Darrens, auch je nach der dabei herrschenden Feuchtigkeit, entsteht heller oder dunkler Malz. Und wenn das Braumalz, von seinen Keimen befreit, im Sudhaus in die Maische kommt, verleihen ihm die Bitterstoffe der weiblichen Hopfenpflanze so viel Hopfenbitteres, wie es zum typischen Aroma der jeweiligen Sorte gehört.

Die Hefe, die durch ihre Gärkraft das Bier erst zum Bier macht, sorgt für weitere Unterschiede. Sie spaltet prinzipiell den Zucker – aus der Malzsüße – in Alkohol und Kohlensäure, wobei sich die untergärige Hefe nach ein paar Tagen auf dem Grunde des Gärbottichs absetzt, während die obergärige nach oben steigt, an die Oberfläche.

Neben dieser einfachen Art, sich einen gesunden Haustrunk herzustellen, der je nach Vorrat und Geschmack auch mit Wacholder oder Bitterrinde gewürzt wurde, gab es das Bier aus den Brauereien der Klöster oder Städte, das längst ein Industrieprodukt geworden war. Diesen Bierbrauern sind die Reinheitsgesetze ihrer Produkte zu verdanken. In Fontanes Romanen aber werden noch lokale Biersorten genannt, die entweder nicht mehr als Bier bezeichnet werden dürften oder die der Konkurrenz mit dem industriell fabrizierten Bier nicht standhalten konnten.

So ist die Braunschweiger Mumme in *Cécile* laut den reichsdeutschen Gesetzen, die nach 1870 erlassen wurden, nur ein »schwach vergorener Malzextrakt« bei wesentlich höherem Extrakt als normale fertige Biere, nämlich 40 bis 50 Prozent statt 3 bis 15 Prozent. Dieses Getränk wurde in Braunschweig im Jahre 1492 von Christoph Mumme erfunden und hat einst auf keinem Segelschiff gefehlt, weil das ebenso bekömmliche wie vitaminreiche braune Malzbier dem Skorbut vorbeugte. Bier war also schon immer mehr als ein Getränk.

Das Berliner Weißbier – laut Gärtner Dörr in Fontanes Roman *Irrungen Wirrungen* braucht *»der richtige Berliner überhaupt nur drei Dinge … eine Weiße, einen Gilka und Porree«* – wurde ganz oder vorherrschend aus Weizenmalz, aber anders als das bayerische Malzbier gebraut. Der Hopfen wurde mit der Maische gekocht, das Bier erhielt einen geringen Zusatz von Rohrzucker, war nach einigen Tagen kannenreif und reich an Kohlensäure. Es schmeckte leicht säuerlich und wurde vor allem gern im Sommer getrunken, weil es einen niedrigen Alkoholgehalt hatte.

Das Weißbier gehört zu den obergärigen Bieren, die schon vor über 600 Jahren in Berlin gebraut wurden und was sich dort bis 1571 zurückverfolgen läßt. Urkunden belegen, daß in diesem Jahr im »Gasthof zum Nußbaum« zum erstenmal Berliner Weiße ausgeschenkt wurde.

Das Werdersche Bier hatte dagegen die dunkle Farbe des Malzbiers. Fontane schreibt dazu in einem Bericht über das Havelland: *»… der eben herüber wehende Malzduft ließ keinen Zweifel darüber, daß wir vor einer der großen Brauereien ständen, die der Stadt Werder auch nach dieser Seite hin eine Bedeutung gegeben haben … Die Zeiten liegen noch nicht weit zurück, wo die ›Weiße‹ oder, um ihr Symbol zu nennen, die ›Stange‹ unsere gesellschaftlichen Zustände wie ein Dynastengeschlecht beherrschte …*

So gingen die Dinge seit unvordenklichen Zeiten: das alte Europa

Adolph Menzel, *Im Biergarten*. 1883

brach zusammen. Throne schwankten, die ›Weiße‹ blieb. Sie blieb während der Franzosenzeit, sie blieb während der Befreiungsjahre, sie schien fester als irgendeine etablierte Macht. Aber schon lauerte das Verderben.

In jenen stillen Jahren, die der großen Aufregung folgten, wo man's gehen ließ, wo die Wachsamkeit lullte, da geschahs. Eines Tages, wie aus dem Boden aufgestiegen, waren zwei Konkurrenzmächte da: die Grünthaler und die Jostysche …

Beide Neugetränke … waren Vorläufer … Märkisch national, ein Ding für sich, so erschien die Werdersche. Sie war dem Landesgeschmack geschickt adaptiert, sie stellte sich einerseits in Gegensatz gegen die Weiße und hatte doch wiederum so viel von ihr an sich, daß sie wie zwei Schwestern waren, dasselbe Temperament, dasselbe prickelnde Wesen, im übrigen reine Geschmacksache: blond oder braun. In Kruken auftretend und über dreimal gebrauchten Korken eine blasse, längst ausge-

laugte Strippe zu leichtem Knoten schürzend, war sie, die Werdersche, in ihrer äußerlichen Erscheinung schon, der ausgesprochene und bald auch der glückliche Konkurrent der älteren Schwester ... Neben der blonden Weißen die braune Werdersche ... Die Werdersche hielt mehr und mehr ihren Einzug über die Hintertreppe; in den Regionen der Küche und Kinderstube erwuchs ihr das süße Gefühl, eine Mission gefunden und erfüllt zu haben; sie wurde Nährbier in des Wortes verwegenster Bedeutung, und das gegenwärtige Geschlecht, wenn auch aus zweiter Hand erst, hat Kraft und Leben gesogen aus der Werderschen.«

Daß Bier nicht nur wie bei Stechlins nach dem Hochzeitsdiner getrunken, sondern auch zum Kochen verwendet wurde, zeigen sowohl landschaftliche Rezepte wie der Karpfen in Bier als auch die Weißbiersuppe, die bei den sparsamen Poggenpuhls mit Sago gekocht und als nahrhafte Mahlzeit genossen wurde.

Außerordentlich frische Fische

Was gab es im Grünen? Aal mit Gurkensalat, frisch zubereitet. Das galt für alle klassischen Berliner Fischgerichte. Sie verewigen auch die klassischen Berliner und Brandenburger Landeserzeugnisse: Der Havel-Zander wird im Dill aus Werder serviert oder mit dem Sauerkraut, das der alte Fritz durch seine Salzgesetze in Mode brachte. Schlei kommt in Meerrettich-Sauce, der Fisch aus dem Wasser, das die Beete mit den würzigen Wurzeln umplätschert, die nichts mit dem Meer zu tun haben. Ihr Name hat sich aus Mährenrettich, also: Pferderettich, zu Meerrettich verschliffen. Der Hecht wird in der berühmten Brandenburger Butter gebraten, die Schleie in Berliner Braunbier gekocht.

Und zum Aal gibt es Salat aus den Lübbenauer Gurken. Ihm, dem einheimischen Herrn der märkischen Seen, hat Fontane 1889 in einem Brief eine kleine Entwicklungsgeschichte gewidmet:

»Alle sonstigen Seen des Havellandes sind Sumpf und Moor, und nur der Kleeßner See hat Sand und Kalk (wie der Limfjord), so daß sein

Walter Leistikow,
Früher Morgen am Müggelsee

Wasser durchsichtig ist und man bis auf den Grund sehen kann. In diesen See senden nun die sumpfigen Nachbargewässer dann und wann etwas von ihrem Fischreichtum: Aale, Schleie, Bleie, sämtlich moorig, weil sie bis dahin unter schmutzigen Moorverhältnissen gelebt haben. Kaum aber in den Kleeßner See getreten, beginnt das Purgatorium, der Reinigungs- und Veredlungsakt all dieser Rowdies und Kommißknüppel, und ehe ein halb Jahr um ist, ist aus dem Mooraal ein Edelaal geworden, der vielfach höher im Preise steht und sein geläutertes Leben, wenn nicht bei Hofe, so doch niedrigstens bei Borchardt oder Dressel beschließt.

Ich habe in Kleeßen ein Stück von solchem Aal gegessen, an dem nichts Gemeines war, ausgenommen seine kolossale Dicke. Denn das Edle muß auch immer schlank sein …«

Und zu allen Fischen gab es die köstlichen mehligen Kartoffeln, die nur auf die Butter oder den Fischsud lauern, um sie sanft in sich aufnehmen zu können.

In den *Poggenpuhls* wird das Theaterrestaurant in der Charlottenstraße erwähnt. Da gibt es Außergewöhnliches: Makkaroni mit Tomaten – die selbst von Henriette Davidis nur in ein oder zwei Rezepten verwendet wurden – und den feinsten aller Seefische: »… *diese Seezunge schmeckt, als ob wir den Hafen schon hätten …*« Damit ist kein Seehafen, sondern der Berliner Handelshafen gemeint, der gerade im Rahmen der allgemeinen Verkehrsentwicklung zu Wasser und zu Lande geplant worden war.

Die Mahlzeit auf dem Floß

Ein Huhn, mit Hirse im Topf über dem offenen Feuer gekocht, bekommt auch Grete Minde bei den Zigeunern, wie man sie zu Fontanes Zeiten noch unbeschwert nannte. Aber dieses erste warme Essen der um ihr Erbe betrogenen Patriziertochter nach der Flucht aus Tangermünde hatte wahrhaftig nichts mit Sommerfrische zu tun. Es zeigt nur, wie nah sich damals noch das Einfache und das Elitäre waren, wie kunstvoll das letztere seine Sonderform darbieten mußte.

»Und jetzt erst erkannten unsere Flüchtlinge, wie sonderbar aber auch wie zweckentsprechend, die hier befindliche Kochgelegenheit aufgebaut und eingerichtet war. Das ganze Floß, auf mehr als zehn Schritt im Quadrat, war wie mit einem dicken Rasen überdeckt, auf dem sich wiederum ebenfalls aus Rasenstücken aufgeschichtet, ein wohl drei Fuß hoher und unverhältnismäßig breiter und geräumiger Herd erhob. In diesen waren Löcher eingeschnitten, und in den Löchern standen Töpfe, um die mehrere kleine Feuer lustig flackerten. Und nun setzten sich die Männer in Front des Herdes, so daß sie den Fluß hinuntersehen konnten, und nahmen ihr Mahl ein, das zunächst aus einer Brühe mit Huhn und Hirse, dann aber aus dem Breitfisch, dem letzten Ertrag ihres Fanges, bestand. Alle ließen sich's schmecken; und als Veitin, gegen den Schluß des Mahles hin, sich über ihr Wohlleben verwunderte, lachte der Alte und beschrieb einen Kreis mit seiner Rechten, als ob er andeuten wolle, daß ihm Ufer und Landschaft, mit allem was darauf fleucht und kreucht, tributpflichtig seien …«

Huhn mit Hirse
Hirse war im Mittelalter eins der Grundgetreide und blieb es bis zu Beginn des 20. Jahrhunderts in der bäuerlichen Küche. Hirse war anspruchslos und kam im Frühling und im Herbst nach dem Weizen aufs Feld. Hirse in Wasser oder Milch war der Frühstücksbrei, Hirse, mit Milch und Zucker und vielleicht ein paar Rosinen im Tiegel gebacken, ist die Ahnherrin aller süßen Grieß- und Reisbreie so wie das Hirsehuhn der Vorläufer der Hühnersuppe mit Reis. Der Nährwert der Hirse ist zudem hoch, besonders was Ballaststoffe und Mineralien anbelangt, so daß man mit dieser Mahlzeit gut versorgt war.

Hirse ist in etwa 20 Minuten gar, so daß man zuerst einmal aus Zwiebeln, Suppengrün, Salz und Pfeffer eine Brühe kocht, das ganze Huhn oder Hühnerteile hineingibt und diese 30 Minuten leise kochen läßt. Dann streut man eine Tasse Hirse hinein – sie ergibt fertig gekocht und gequollen die dreifache Menge –, läßt alles einmal kräftig aufkochen, vermindert die Hitze und simmert alles, zugedeckt, eine weitere halbe Stunde – oder bis alles gar ist.
Dann wird das Huhn aus der Hirse genommen, von Haut und Knochen befreit, und das kleingeschnittene Fleisch kommt wieder in die Suppe.

Des Försters Mahlzeit in Wolfshau an der Schneekoppe

Wenn Fontane in der Landschaft seiner eigenen schlesischen Sommerfrische, dem Riesengebirge, den unruhigen Menz in Wolfshau bei Krummhübel am Nordhang der Schneekoppe ansiedelte und seine Gewohnheiten beschrieb, so zeigte er das Einfache nicht ohne einen Hauch von Sehnsucht als den Alltag der Armut: Die Milch wird wie immer und ewig in der Steinhütte am Ufer des Flusses in seinem stark fließenden, eisigen Wasser gekühlt. Nach Menzens Flucht, in Amerika, gibt es abermals eine Mahlzeit mit Milch, die ein Stillleben des Bukolischen darstellt und zugleich einer neuen Zivilisation entstammt. Auch sie ist einfach, aber reich, in Fülle, üppige Sättigung verheißend: saure Milch mit einem blühenden Lindenzweig, Eier in der Schale, Schinken, eine halbe Wassermelone. Das hat nichts mehr mit »*Weinsuppe, Forellen und Eierkuchen*« zu tun, die Fontane im Jahre 1884 selbst in Krummhübel aß.

Fontanes Frau wollte nur halbe Portionen, und der Aufstand um diesen Sonderwunsch, der nur mit Mühe durchzusetzen war, ließ Fontane seufzen: »*Gott, was ist Anstand! Und wer ist anständig!*«

Die Bewohner der Gebirge, des Riesengebirges und des Harzes, haben ihre eigene Küche, und Fontane beschreibt sie mit der gleichen Genauigkeit wie die Diners auf den Gütern und in Berlin. Es sind einfache Gerichte, fast ärmlich. Kuchen, mit den Beeren des Waldes belegt. Nachspeisen als Resteverwertung des altbackenen Brotes. Eine Suppe aus den im Garten geschüttelten Zwetschen und des neuen Oberförsters Semmelpudding in Fontanes Roman *Quitt*.

Semmelpudding

125 g Butter
6 Eier
100 g Zucker
125 g kernlose Rosinen
125 g gemahlene Haselnüsse
etwas feingewiegtes Zitronat oder abgeriebene Orangenschale
250 g Semmelbrösel
1/8 l Milch oder Sahne
1 Schnapsglas Rum

Die Semmelbrösel mit der heißen Milch begießen und quellen lassen. Unterdessen die Butter mit Zucker und Dottern weißcremig rühren, Weißbrot und gemahlene Haselnüsse unterheben, ebenfalls die Rosinen und das Zitronat, als letztes den Rum und den steifgeschlagenen Schnee der Eier. Den Teig in die sorgfältig ausgefettete und ausgebröselte Puddingform füllen, diese fest verschließen und eine Stunde im Wasserbad kochen. Das Wasserbad findet in einem großen Kochtopf statt, der mit bereits kochendem Wasser so weit gefüllt ist, daß die geschlossene Puddingform nur dreiviertel vom Wasser bedeckt ist. Das Wasser soll weder in die Form dringen können noch sie aus dem Gleichgewicht bringen. Wacklige Formen hängt man an einem quer über den Wassertopf gelegten Löffelstiel ins Wasser. Das Wasser soll nie sprudelnd kochen, sondern still simmern, damit der Pudding keine Luftblasen bekommt. Man kann jeden Pudding samt Wasserbad auch in den auf 200°C vorgeheizten Backofen stellen, wo das Wasser schön gleichmäßig kocht und die Speise die gehörige Oberhitze hat.

Ist der Pudding gar, so stellt man ihn erst einige Minuten abseits, ehe man ihn stürzt. Hat er sich gesetzt, so öffnet man – mit Topfhandschuhen – den Deckel, legt einen Teller auf die Form, dreht sie entschlossen samt Teller um, wartet einen Augenblick, damit der Pudding auch merkt, was er soll, und hebt die Form dann vorsichtig und kerzengerade in die Höhe. Spürt man, daß irgendwo etwas festhängt, wird die ganze Geschichte wieder in die Ausgangsstellung zurückgekippt, der Teller wird abgenommen, und man lockert den Pudding mit einem langen, schmalen, aber stumpfen Messer. Wenn man schon etwas Übung im Umgang mit Puddings hat, braucht man ihn auch nur einmal, aber mit Fingerspitzengefühl zu schütteln. Dann fällt er meist erschrocken und mit einem Plumps auf den Teller.

Des Heidereiters Geburtstagskuchen in Ilseburg am Harz

Es war eine Stunde später, und Martin und Hilde sahen von der Vorlaube her, unter der sie Platz genommen hatten, immer den Weg hinauf, auf dem der Vater zurückkommen mußte. Dabei trat ihr Blick, sie mochten wollen oder nicht, auch auf den halb in einer Brombeerhecke versteckten Backofen, vor dem Grissel emsig beschäftigt war und den eisernen Vorsetzer abwechselnd auf- und zuschob. Jetzt aber schien sie zufrieden mit dem Befund und zog auf einer breiten Holzschippe die Bleche heraus, auf denen sie die Geburtstagskuchen für den Abend gebacken hatte, einen Streusel- und einen Kronsbeerkuchen, welchen letzteren der Heidereiter allem anderen vorzog. Aber der Rand mußte braun sein und am liebsten halbverbrannt. Eine Luftwelle trug den brenzlig-würzigen Duft herüber, und Martin sagte: ›Freust du dich auf den Abend?‹

›O gewiß! So sehr ich mich freuen kann.‹«

Kronsbeerkuchen
250 g Mehl
125 g Butter
100 g Zucker
1 Ei
1 Prise Salz, Zimt oder Vanillezucker
100 g gemahlene Nüsse
1 Tasse Brösel von Makronen, Biskotten oder Biskuit
500 g frische Kronsbeeren (Preiselbeeren)
Zuckerwasser oder ein Glas Rotwein
1 Eidotter
etwas Milch

Aus Mehl, Butter, Zucker und Ei mit einer Prise Salz und einem beliebigen Gewürz wie Zimt oder Vanillezucker einen Mürbteig kneten und eine Stunde rasten lassen. Unterdessen die Nüsse mahlen und mit den Kuchenbröseln vermengen. Dann die Kronsbeeren waschen und auslesen, in stark gezuckertem Wasser oder Rotwein einmal aufkochen, abgießen und gut abtropfen lassen. Ein Drittel des Mürbteiges abschneiden, den restlichen Teig ausrollen und damit eine Springform füttern. Das Teigdrittel ebenfalls ausrollen und zu dünnen Streifen ausradeln. Nun die Nuß- und Bröselmischung auf den Teigboden schütten, die Kronsbeeren darauffüllen und den Kuchen mit einem Teiggitter verschließen. Das Dotter mit einem Teelöffel Milch verquirlen und das Gitter damit bepinseln. Den Kuchen bei 180°C in den vorgeheizten Ofen schieben und etwa 45 Minuten backen.

Streuselkuchen
Hefeteig wie auf Seite 56

Für die Streusel:
200 g Mehl
1 Messerspitze gemahlener Zimt
150 g feiner Zucker
150 g Butter

Während der Hefeteig geht, wird das Mehl in eine Schüssel gefüllt, der Zucker und das Gewürz daruntergemengt. Dann gießt man die heiße zerlassene Butter darauf, vermischt alles gut mit den Fingerspitzen, so daß sich Brösel bilden, und läßt die Streusel auskühlen. Dann rollt man den Hefeteig dick aus und legt ihn auf ein gefettetes Backblech. Mit einem sauberen Küchentuch zudecken, gehen lassen, ein paarmal mit der Gabel einstechen und flüchtig mit Wasser bepinseln. Die Streusel noch einmal mit den Fingern zerreiben und gleichmäßig auf den Kuchen verteilen. Das Blech wird bei guter Mittelhitze, etwas über 180°C, auf die mittleren Schienen in den Ofen geschoben, und der Kuchen sollte nach einer halben Stunde gar sein.

Was essen wir zu Nacht? Eine Suppe?‹

›Ja, Heidereiter, eine Zwetschensupp. Und ich werd einen Nordhäuser eintun und ein paar Gewürznägelchen. Oder eine Zimmetstang . . .‹

›Ah, das ist gut, das tu!‹ sagte Bocholt. ›Aber mache flink! Ich will allein sein und früh zu Bett. Und lege mir einen heißen Stein an das Fußende.‹

Grissel murmelte was vor sich hin, weil sie bestimmt gegebene Befehle nicht gern hörte, widersprach aber nicht und brachte die Suppe. Zugleich kam Hilde. Alle drei setzten sich an den Tisch, und Bocholt sagte: ›Wir wollen beten.‹

›. . . Aber die Supp ist so heiß . . .‹

›Ihr hattet einen Frost vorhin.‹

›Ja, vorhin. Aber jetzt ist es vorbei. Geh, Hilde, mach das Fenster auf, alle beid.

Es ist eine wahre Höllenhitze hier … Und wo nur der Martin bleibt? Ich möcht etwas Kühles, 'ne Satte Milch.‹«

Zwetschensuppe
500 g reife Zwetschen
etwa 150 g Zucker
1 Kringel Zitronenschale
1 Prise gemahlener Zimt
1–2 TL Speisestärke

Die Zwetschen waschen, halbieren, entsteinen und unterdessen das Wasser mit dem Zitronenkringel, dem Zucker und Gewürz aufkochen lassen. Die Zwetschen in etwa 1 l Wasser geben und auf schwacher Hitze in etwa 20 Minuten pochieren, bis sich die Haut von den Früchten löst. Alles durchs Sieb streichen, nach Belieben mit Speisestärke binden, abschmecken und mit geröstetem Weißbrot essen.

Eine Milch
Das ist ein Gericht aus der Zeit, in der die Milch noch nicht pasteurisiert, sondern direkt ab Kuh verkauft wurde.
Im Sommer goß man die Morgenmilch in weiße oder blaue Glassatten, stellte diese aufs Fensterbrett eines sonnigen Fensters in der Küche oder in der Spülküche, deckte die Satten zu und hatte abends eine köstliche frische, leicht säuerlich gestockte Milch. Man brockte etwas Schwarzbrot hinein und streute sich einen Löffel Zucker und Zimt auf das Ganze.
Heute kauft man industriell hergestellte Dickmilch oder Joghurt, aber auch in dieser Form schmeckt »die Milch« mit Schwarzbrot und Zimtzucker so gut wie damals. Eins der besten und bekömmlichsten Sommerabendessen, die es gibt.

Einfach ist auch die letzte Mahlzeit, die im schönsten Sommerfrischengebiet angeboten wird und zu etwas führt, das Fontane selbst nur mit *»Ja, die arme Effi!«* kommentieren konnte. Das ist das Picknick an der Ostsee, vom Diener aufgebaut. *»Während dieser Worte waren sie … vom Strand her bis an eine schon halb im Schutz der Dünen aufgeschlagene Bank, mit einem äußerst primitiven Tisch davor, gekommen, zwei Pfosten mit einem Brett darüber. Kruse, der voraufgeritten, hatte hier bereits serviert; Teebrötchen und Aufschnitt von kaltem Braten, dazu Rotwein und neben der Flasche zwei hübsche, zierliche Trinkgläser, klein und mit Goldrand, wie man sie in Badeörtern kauft oder von Glashütten als Erinnerung mitbringt.*

Und nun stieg man ab. Kruse, der die Zügel seines eigenen Pferdes um eine Krüppelkiefer geschlungen hatte, ging mit den beiden anderen Pferden auf und ab, während sich Crampas und Effi, die durch eine schmale Dünenöffnung einen freien Blick auf Strand und Mole hatten, vor dem gedeckten Tische niederließen.

Über das von den Sturmtagen her noch bewegte Meer goß die schon halb winterliche Novembersonne ihr fahles Licht aus, und die Brandung ging hoch. Dann und wann kam ein Windzug und trieb den Schaum bis dicht an sie heran. Strandhafer stand umher, und das helle Gelb der Immortellen hob sich, trotz der Farbenverwandtschaft, von dem gelben Sande, darauf sie wuchsen, scharf ab.

Effi machte die Wirtin. ›Es tut mir leid, Major, Ihnen diese Brötchen in einem Korbdeckel präsentieren zu müssen …‹«

In einem Brief an eine unbekannte Leserin schrieb Fontane: *»… daß ich die Sache im Unklaren gelassen hätte, kann ich nicht zugeben, die berühmten ›Schilderungen‹ (der Gipfel der Geschmacklosigkeit) vermeide ich freilich, aber Effis Brief an Crampas und die mitgetheilten 3 Zettel von Crampas an Effi, die sagen doch alles.«*

Theodor Fontane am Schreibtisch
seines Arbeitszimmers in Berlin, 1896

Nachbemerkung und Danksagung zur 1. Auflage 1997

Die Fotografien der Fontane-Gerichte, die Wolfgang Franz und Jens Rheinländer mit mir zusammen gemacht haben, sind keine Museumsbilder. Es gibt noch Kartoffeln und Schweineschinken wie damals, es stehen noch Teller und Saucieren in den Schränken, die so alt sind wie das Geschirr der Vitzewitzens oder der St. Arnauds. Aber Rebhühner und Krebse sind Raritäten geworden. Unser Wild stammt nicht mehr aus der Oder und der Uckermark, sondern aus Zuchten und aus sehr fernen Ländern. Das Bier wird anders gebraut, und Goldlack und Vergißmeinnicht blühen nicht immer dann, wenn sie fotografiert werden sollen. So sieht manches anders aus als vor 200 oder 150 Jahren, und wir haben nur Bilder entworfen, die dem nahe sind, was damals war, und viele haben uns geholfen, um die Erinnerung an diese Zeit, an die Generationen der Groß- oder Urgroßeltern wieder zu erwecken.
Da war ein altes KPM-Service, Zufallsreste aus den Trümmern, zu denen Berlin zerfallen war. Da waren die Teller und Krüge mit Salzglasur, die beim Schlondes noch heute wie vor Jahrhunderten getöpfert und gebrannt werden. Da waren Tafelmesser mit der Zahl des Dreikaiserjahrs 1888. Da waren alte Kreuzstichdecken von Großtanten, das Stickgarn noch nicht indanthren, Damastservietten, handgesäumt, und auch das Monogramm darauf ist noch handgestickt. Da war der Schwiegervater meines Schlachtermeisters, der uns in einer Zeit, in der wir nicht mehr in jedem Herbst die selbstgemästeten Gänse schlachten, ein Schwarzsauer gekocht hat, daß sich Fontanes Mutter daran erfreut hätte. Und der Bäckermeister meines Feinkostgeschäftes hat uns den weihnachtlichen Kranzkuchen und die Hefebrezeln so schön gebacken, wie Fontane sie in seinen Kindheitserinnerungen beschrieb. Ganz zu schweigen von den alten Apfelsorten, die uns Freunde gepflückt haben.
Die Floristen vom Blumenhaus Jürs haben schließlich die Rosen mit den für das Berlin der Fontanezeit typischen Ananas so prachtvoll gesteckt, daß die Kommerzienrätin Treibel damit zufrieden gewesen wäre, auch wenn sie sonst mit Flieder und Goldregen dekorierte. Ihnen allen gilt unser Dank.
Mögen diese Bilder auch beim Leser die Zuneigung zu Fontane, zu seinen Romanen und Briefen, Tagebuchnotizen und autobiographischen Skizzen wecken oder vertiefen. Wer so wie er Handwerker, Bürger, Landlose und Aristokraten schildern kann, hat jedem von uns Nachgeborenen ein Kapitel Familiengeschichte geschrieben.

Zur Neuausgabe 2005

Fontanes Landschaften sind vielen in den vergangenen Jahren wieder vertrauter geworden. So zeigt der Blick auf seine Eßlandschaften unverändert, wie nahe sie und er uns sind.

Sybil Gräfin Schönfeldt

Quellennachweis

Die verschiedenen Passagen aus Theodor Fontanes Werken wurden nach Ausgaben des S. Fischer Verlags, Berlin, erschienen zwischen 1900 und 1919, zitiert. Auf den Einzelnachweis der Zitate wurde verzichtet, da Autorin und Verlag sich wünschen, daß die Leserinnen und Leser durch die Lektüre dieses Buches motiviert werden, das eine oder andere Werk von Theodor Fontane wieder einmal oder zum erstenmal zu lesen.

Bildnachweis

AKG Berlin S. 170, 177, 196 (Sammlung Georg Schäfer) – Deutsches Literaturarchiv, Marbach a. N. S. 7 (E. Bieber) – Theodor-Fontane-Archiv, Potsdam S. 23, 182 – Landesgeschichtliche Vereinigung für die Mark Brandenburg S. 209 (Zander & Labisch) – Aus: Adolph Menzel 1815–1905. Das Labyrinth der Wirklichkeit. Katalog zur Ausstellung. Hg. v. Claude Keisch u. Marie Ursula Riemann-Reyher. Köln: Dumont S. 101 (The Carnegie Museum of Art, Pittsburgh) – Museum Folkwang, Essen S. 172 – Niedersächsisches Landesmuseum, Hannover S. 87 – Staatliche Museen zu Berlin S. 11, 18, 82, 90, 98 – Stadtmuseum Berlin S. 3 (Christel Lehmann), 62 – Stiftung Preußische Schlösser und Gärten Berlin-Brandenburg S. 76 – Aus: Unter den Linden. Berlins Boulevard in Ansichten von Schinkel, Gaertner und Menzel. Katalog zur Ausstellung. Hg. v. Birgit Verwiebe. Berlin: G-und-H-Verlag 1997 S. 71 (Privatbesitz), 136 (Hillegard Fritz-Denneville, Fine Arts London) – VG Bild-Kunst, Bonn S. 20, 64, 80, 167 – Aus: Wirth, Irmgard: Berliner Malerei im 19. Jahrhundert. Von der Zeit Friedrichs des Großen bis zum Ersten Weltkrieg. Berlin: Siedler 1990 S. 198 (Kunsthaus Klewer, Berlin) – Aus: Dies.: Eduard Gaertner. Der Berliner Architekturmaler. Frankfurt a. M./ Berlin/Wien: Propyläen 1978 S. 41

Wir danken allen Archiven, Fotografen, Verlagen und Nachlaßverwaltern für die freundliche Genehmigung zum Abdruck. In einigen Fällen ist es uns trotz intensiver Nachforschungen nicht gelungen, die heutigen Rechteinhaber zu ermitteln. Wir bitten diese, sich mit den Arche Verlagen, Zürich-Hamburg, in Verbindung zu setzen.

Biographische Notiz

Sybil Gräfin Schönfeldt, in Nassau a. d. L., Göttingen und Berlin aufgewachsen. Studium der Germanistik und Kunstgeschichte in Göttingen, Heidelberg, Hamburg und Wien, Promotion in Wien. Journalistin, Übersetzerin, Kinderbuch- und Kochbuchautorin. Lebt in Hamburg. Freie Mitarbeiterin bei der *ZEIT*, beim *Stern* u. a. Zeitschriften sowie beim Rundfunk und Fernsehen. Zahlreiche Buchveröffentlichungen und Auszeichnungen. Erhielt mehrere Gold- und Silbermedaillen im Literarischen Wettbewerb der Gastronomischen Akademie Deutschlands.

Bei Arche erschienen die literarischen Kochbücher *»Feine Leute kommen spät ...« oder Bei Thomas Mann zu Tisch. Tafelfreuden im Lübecker Buddenbrookhaus* (1995, 2004) und *»Gestern aß ich bei Goethe«. Bilder einer neuen Gastlichkeit* (2002) sowie *Weihnachtsgans und Lichterglanz. Literarische Weihnachtsdiners mit Geschichten, Rezepten & Musik* (1999, 2004). Sybil Gräfin Schönfeldt gibt außerdem den *Arche Küchen Kalender. Literatur & Küche* heraus.

Wolfgang Franz, geb. 1944 in Wentorf b. Hamburg, freischaffender Fotograf, und *Jens Rheinländer,* geb. 1936 in Hamburg, hatten von 1979 bis 2000 ein gemeinsames Fotoatelier in Hamburg.

Verzeichnis der Rezepte

Sybil Gräfin Schönfeldt bei Arche

»Feine Leute kommen spät …«
oder Bei Thomas Mann zu Tisch
Tafelfreuden im Lübecker Buddenbrookhaus
Mit Rezepten
Überarbeitete Neuausgabe
144 Seiten. Leinen. Leseband
26 farbige und 24 s/w Fotos
»Eine Fundgrube für begeisterte Mann-Leser.«
Frankfurter Rundschau

»Gestern aß ich bei Goethe«
Bilder einer neuen Gastlichkeit
Mit Rezepten
304 Seiten. Leinen. 2 Lesebänder
8 farbige Abb. und 36 Fotos von
Wolfgang Franz und Jens Rheinländer
»Sybil Gräfin Schönfeldt nimmt den Leser auf höchst schmackhafte und sachkundige Art an die Hand.«
Berliner Morgenpost

Weihnachtsgans und Lichterglanz
Literarische Weihnachtsdiners
mit Geschichten, Rezepten & Musik
144 Seiten. Leinen. 12 Abb. Mit CD
»Ein festliches Büchlein, das viele Sinne zugleich anspricht: Auge und Ohr, Nase und Gaumen und nicht zuletzt das literarische Gemüt.« NDR